改訂版

授業づくりの教科書

社会科
授業の教科書 5・6年

有田和正 [著]
佐藤正寿 [監修]

さくら社

有田先生が見通していた新しい社会科の授業づくり

佐藤　正寿

① 有田先生が実践していた「主体的・対話的で深い学び」

1988年の2月の筑波大学附属小学校の公開研修会。

当時大人気の有田先生の授業には，全国から数百名の参加者が集まっていた。特別に設けられた会場では有田先生の授業への期待感のエネルギーが満ち溢れていた。

公開されたのは，3年生の「町のうつりかわり」の授業である。

授業開始から，子どもたちの熱気ある発言に圧倒される。友だちの意見を聞くと，今度はそれに対して自説を主張する。有田先生は，子どもたちの発言をうなずいたり，驚いたりしながら受け止めつつ，ゆさぶり発問を行う。子どもたちの思考はさらに活性化し，発言内容がどんどんと深まってくるのが，理解できた。

若手教師だった私は，この授業に衝撃を受けた。「どのようにしたら，あれほど追究する子たちが育つのだろう」，「どのようにしたら子どもたちが深く考える授業ができるだろう」…私だけではなく，多くの参観者も同じことを感じたと推測する。

「小学校学習指導要領（平成29年告示）総則編」において，「主体的・対話的で深い学び」の実現に向けて授業改善を行うことが示された。その趣旨を読むと，この学習指導要領よりも30年近く前に，有田先生が「主体的・対話的で深い学び」のモデルとなるような授業をすでに実践されていたことに驚く。その点では，有田実践を知ることは，新しい学習指導要領で求められている授業を実現するためのヒントになると考える。

2 どのような授業づくりを行うか

(1) 基本は問題解決的な学習

　主体的な学びの実現のためには，子どもたちが学習問題を発見し，解決のために見通しをもって取り組むことが大切である。いわゆる「問題解決的な学習」への取り組みである。

　問題解決的な学習とは，「小学校学習指導要領（平成29年告示）解説社会編」においては，「単元などにおける学習問題を設定し，その問題の解決に向けて諸資料や調査活動などで調べ，社会的事象の特色や相互の関連，意味を考えたり，社会への関わり方を選択・判断したりして表現し，社会生活について理解したり，社会への関心を高めたりする学習」と定義づけられている。

　以下の①〜④の学習過程がこの定義を整理したものである。また，それぞれの過程を充実させる教師の働きかけをその下に記してみた。

●1つの単元について
①問題を設定する
　・子どもたちが強い問題意識をもつしかけをする
　・単元の目標との関係に留意しつつ，子どもたちの表現を生かした問題文にする
　・問題に対して予想をさせ，予想に基づいて問題を解決する方法を見通させる
②問題解決のための調べ活動を行う
　・問題解決に適した情報収集活動に取り組ませる
　・各活動に応じた学習技能を高める指導を行う
③問題について考察したり，選択・判断したりする
　・情報を整理・分析させ，問題を解決するための考えをもたせるようにする
　・子どもたちの学びを深めるための工夫をする

④社会への理解と関心が高まる（学びのまとめと発展）
　　・自分たちの学びをまとめ，振り返る場面を設定する
　　・学びを発展させ，生活を改めたり，社会に参画したりする意欲を
　　　育てる

（2）話し合い活動に必須のすぐれた発問・指示

　この中で，子どもたちの対話的な学びが多く見られるのは話し合い活動である。そこで重要な役割を果たすのが，話し合い活動を焦点化する教師の発問である。

　本書には，話し合い活動を活性化するための有田先生の発問が，そのままの文言で書かれている。たとえば，5年の「『山にのぼるキャベツ』とは，どんなもの」には次のような発問・指示が示されている。

---

①　嬬恋村のキャベツの出荷時期は，いつ頃か調べて，帯グラフに書き込みなさい。
②　よそでできない時期に嬬恋村でキャベツができるのはどうしてか。
③　どうしてかなと，気づいたことをあげなさい。
④　どうして，5回に分けて植えて，しかも，ずらしているのでしょう？
⑤　ずらしたくなくても，ずらさなければならないのはなぜでしょう。

---

　①の指示で子どもたちは，嬬恋村のキャベツ作りは他の地域と違う時期に行っていることに気づく。②は子どもたちの疑問を受けての発問であり，③の指示で子どもたちの追究活動が行われる。そこで子どもたちが新たに気づいたのが，5回に分けて種まきをしていることである。④の発問で新しい課題に対して，子どもたちは様々な予想をする。そして，⑤の発問で「山にのぼるキャベツ（時期によって植える畑の高さを変えていえる）」の意味に気づくのである。

このように発問や指示，その構成を工夫することによって，話し合いの内容は焦点化され，活発な話し合い活動が可能となるのである。

（3）学びを促す教師の指導技術

学びの質を高めるために，授業における教師の授業技術は不可欠である。たとえば，先の発問の技術の他に，板書やノート指導の技術，発言指導や机間指導というように，授業技術はいくつも存在する。社会科においては，資料提示の授業技術が存在する。たとえば，実物資料を準備した際にどのように提示するか。教師が子どもたちに追究させたい中心的な資料を提示する際にどのように見せるか。同じ資料であっても，その提示のしかたによって，子どもたちの反応は異なってくる。

有田先生は，本書で「グラフを提示するとき，最も大事なところ，どうしても見せたいところを，わざとぬいた資料をつくる」と述べている。これは，ICTによる資料提示でのマスキング（隠す）技術と同じ考え方である。隠れている部分に子どもたちは注目し，その内容を予想する。いわば，学習内容の焦点化である。最初からその部分が示されていて気づきを発表させるより，子どもたちの思考は活性化する。このような授業技術は，子どもたちの学び方が変わっても不易の部分である。

③ 子どもたちの学習技能の育て方

（1）どのような技能が必要か

「主体的・対話的で深い学び」において，育成すべき資質・能力として「知識・技能」，「思考力・判断力・表現力等」，「学びに向かう力・人間性等」の３つの柱が示された。このうち「知識・技能」は「社会的事象等に関する理解などを図るための知識と社会的事象等について調べまとめる技能」として具体的に示されている。

有田先生は，追究の鬼を育てる過程で学習技能を身に付けることの重要性を指摘している。そのポイントとして，『有田学級で育つ学習技能』

（1991・明治図書）において次の4点を指摘している。

> ・「はてな？」発見の技能は，いつごろ，どのような場で，どのよう
> にして育てていけばよいか。
> ・発見した「はてな？」を，どのように調べ，追究していくようにす
> るか。
> ・「追究の鬼」にふさわしい表現力を育てるにはどのようにしたらよ
> いか。
> ・学習技能を育てる授業はどうあるべきか。

　今後育成すべき資質・能力として示された「調べまとめる技能」と同
じ内容を30年近く前にすでに指摘している。その先見性には驚くばかり
である。

（2）学習技能を育てる授業

　有田先生は「学習技能を育てる授業はどのようにあるべきか」という
問いから，その具体例を提案してきた。本書にも，「この地図は，何を表
しているでしょう」「資料を見るときは，どんな順序で見るのでしたか」「絵
からわかることを書きなさい」といった学習技能を育てることを意図し
た内容がある。

　授業の中で，「何を使って調べますか」「その根拠は教科書のどこに書
かれていますか」「まとめ方で気をつける点は何ですか」といった学習技
能に関わる発問が，教師から投げかけられることで，子どもたちは「こ
のように調べればいいんだ」「注目する点は資料のここだ」というように，
その学習技能を自覚するようになる。

（3）見方・考え方を働かせるために必要な学習技能の向上

　新学習指導要領の社会科の目標には「社会的な見方・考え方を働かせ」
が，各学年の目標には「社会的事象の見方・考え方を働かせ」という文
言が入った。この場合の「社会的な見方・考え方」とは「視点や方法（考

え方）」であり，「社会的な見方・考え方を働かせ」るとは，「視点や方法
（考え方）」を用いた学び方を表すと共に，子どもたちの「社会的な見方・
考え方」が鍛えられていくことも表現している。

　「視点や方法」は自然に身に付くものではない。教師が意図的に学習技
能を鍛えないと力はつかない。たとえば，資料の読み取り方や情報の分
類の仕方，適切に考えを表現する方法などを，繰り返し行って習熟する
ことが必要である。その過程で学習技能の質が向上することで見方・考
え方をより適切に働かせることができるようになり，そのことが深い学
びにつながるのである。

4　より「深い学び」にするために

（1）ノートに自分の考えをまとめることを重視する

　1単元や1単位時間の終末は，学習をまとめ，振り返る場面である。
学習問題に対するわかったことを表現したり，その発表から学び合った
りする。また，学習を振り返って，できるようになったことを自己評価し，
学びの達成感を味わう場面でもある。有田先生の授業（1単位時間）の
終末は，まとめのノートの時間であった。5分間を確保していたという。
そこで必ず書くべきことは，次の3つであった。

① 　本時で学習した内容の整理
② 　▲印などをつけて，本時の学習に対する自分の考え（感想・疑問・
　　反論など）を書く
③ 　新しく発生した問題

　特徴的なのは，②と③である。②の自分の考えをきちんと書かせるこ
とで，自分なりの新たな「見方・考え方」ができ，学びが深まったこと
を子どもたちは自覚する。それは，次の学習で生かされることになるで
あろう。また，③の「新しく発生した問題」は自分が今後追究すべき対

象となる。新たな問題を発見することによって，子どもたちの追究のエネルギーは持続する。

（2）オープンエンドで学びを広げる

　先のノート指導に表れているように，有田先生は授業の終末に新たな問題を引き出し，その追究のための意欲を高めることに力を入れた。子どもたちは，次の授業まで新たな追究活動に取り組み，それが新たな学習で生かされる。いわゆる授業のオープンエンド化である。一般的な授業では学習問題に対するまとめを確認して終わるのと対照的である。

　このような授業のオープンエンド化は，追究活動を常に積み重ねることになり，結果的により深い学びに結びつく。それだけではなく，子どもたちが主体的に学び続ける資質・能力を育てるベースとなるのである。

　以上，有田先生の実践と主体的な学びの実現との関係を考察してきた。改めて感じるのは，その実践の意図するところが新学習指導要領の目指すところと重なっているという点である。「有田先生の数々の主張に時代が追いついた」といえよう。

　本書にはその主張のエキスが詰まっている。1時間1時間の授業プランを新学習指導要領の授業づくりの教科書として学んでいきたい。

　○参考文献
・文部科学省「小学校学習指導要領（平成29年告示）総則編」
・文部科学省「小学校学習指導要領（平成29年告示）解説社会編」
・有田和正（1991）『有田学級で育つ学習技能』（明治図書）
・有田和正（1996）『新ノート指導の技術』（明治図書）
・有田和正・教材・授業開発研究所（2014）『今こそ社会科の学力をつける授業を』（さくら社）

●社会科授業の教科書〈5・6年〉改訂版　もくじ

Ⅰ　この本の基本的な考え方

新しい授業の創り方

この本の使い方　

Ⅱ　5年生の授業

わたしたちの国土

くらしを支える情報・身近な環境を守る

Ⅲ　6年生の授業

くらしと政治

大昔の人々のくらし

貴族の世の中

武士が活躍しだした時代

戦国時代

江戸時代

明治時代

明治・大正・昭和時代

昭和時代

世界の中の日本

◎本書は『授業がおもしろくなる　21 授業のネタ　有田社会・高学年』（日本書籍　1999 年）をもとに、全編にわたり再構成・再編集したものです（2012 年初版、2020 年改訂）。

イラスト・図版：しらみずさだこ

この本の
基本的な考え方

新しい授業の創り方
この本の使い方

新しい授業の創り方

① 授業とは何か

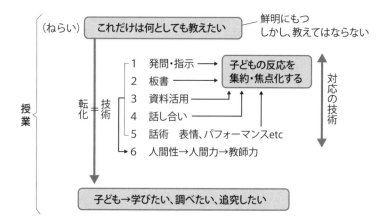

（1）授業で最も大切なこと

　授業は，「これだけは何としても教えたい」という内容を，深く広い教材研究によって「鮮明につかむこと」，これが第一である。これさえ確かにつかめば，授業は 70% 成功したも同然である。

　このとき大事なことは，「教えてはならない」ということである。子どもに学ばせなければ学力にならないからである。

　それで，「これだけは何としても教えたい」という内容を，「子どもが学びたい，調べたい，追究したい」というものに転化するのである。これが授業の本質である。

　「転化」するには，最小限 6 つの技術が必要である（上図参照）。

この6つの技術は，教材（ネタ）から授業の流れを示したそれぞれの項で具体的に明らかにしているので，各項目をていねいに読んでいただきたい。

（2）授業は勝負である

授業は勝負である。教師と子どもの真剣勝負であるということである。

授業の計画をたてるとき，「何で子どもと勝負するか」と頭を悩ます。

「勝負する」ということは，これによって，子どもの思考を飛躍的に発展させたり，視野を大きく開いたりすることである。

一人ひとりの子どもが，確かに問題をもち，予想をたて，追究の方向が見え，問題追究に熱中するようになったとき，勝負が成立したといえる。

そして，追究の途中で，子どもの考えを大きくゆさぶり，目を開かせ，より確かな統一性のある考えに発展させることができれば，より確かに勝負が成立したといえる。

（3）勝負は授業前にきまる

勝負を成立させるためには，

①子どもが，今どんな考えや能力をもって授業に臨もうとしているか，どんな知識や経験をもっているのかつかむこと。

②子どもの考えに対して，どんな教材（ネタ）をぶつければよいかつかむこと。

③ネタをぶつけるとき，どんな発問や指示をすればよいか考えること。

最低限，この3つのことが必要である。

ユニークな，子どもがおもしろがる授業をするには，よい教材（ネタ）を提示することが一番のポイントである。

ネタには，子どもの思考のすじ道をふまえ，しかも，本質に迫っていく契機が含まれていることが必要である。なんとしても，子どもがネタにひっかかるようにしなければならない。ひっかかって，追究していく過程で，より本質に迫っていくような内容を含んでいなければならない。

　つまり，おもしろいだけではダメで，内容に深さと発展性がなければならない。

　こういうよいネタをたくさんストックしておいて，子どもの状況に応じて自由自在に勝負してもらいたいたい——という考えで，本書をつくることにしたのである。

　つまり，子どもが意欲的に追究する授業づくりをするために，よいネタをまとめて提示してみようと考えたのである。

　ネタは，おもしろいだけではなく，奥深さ・発展性・関連性があり，授業を次々と深化発展させるものを提示している。

　さらに，本書をそのまま教室にもち込んで，授業にすぐ役立てることもできる。ネタと主要な発問，展開順，子どもの反応を，見開きにまとめているからである。この中からよいものを選んで授業に取り入れてほしい。

　しかし，私の真のねらいは，授業にすぐ役に立てることではなく，本書をもとにして，多くの方々が「ネタ開発」をめざすようになることなのである。ネタ開発をすることによって，教師としての力量を高めてほしいのである。

（4）授業のつくり方を変えよう

　子どもたちは，おもしろいこと，楽しいことが好きである。

　授業でも，少しおもしろいと身をのり出してくるが，おもしろくないとソッポをむく。子どもたちに，社会科の力をつける近道は「社会科の勉強はおもしろい」と思わせることである。

　このためには，なんといっても，おもしろいネタをみつけて，授業にもちこまなければならない。なぜなら，ネタのよしあしが，授業の死命を制するからである。

　これが「材料七分に腕三分」といわれるゆえんである。

　材料が悪ければ，どうにもならない。くさった魚は，どんな上手な料理人でも，料理のしようがない。逆に，材料さえよければ，腕は少々悪

くても，なんとか食べられる料理になる。

これは，授業でもまったく同じことである。

これまで授業を計画するとき，「目標→内容→方法」という順序で考えてきた。これが，オーソドックスな手順だと考えられてきた。

この思考パターンをくずさないと，おもしろい授業は創造できない。

立派な目標を考える前に，どんなネタで勝負するか考えるようにしたい。まず，おもしろいネタ，子どもをゆさぶれるネタを考えよう。ネタが決まれば，目標も，そして，資料や展開順・方法も自然に決まってくる。

「授業のネタを開発する」ということは，結局，ネタ（教材）と目標と方法を考えることに，自然に発展するということである。

本書を契機にして，「ネタ開発」に取り組むようになってほしい。

2 おもしろい社会科授業を創る9つのポイント

おもしろい社会科授業のために「授業のネタ」を創るには，いくつか考えておくとよいことがある。それを挙げてみよう。

①「子どもの常識（固定観念）をくつがえすもの」を考える

子どもが考えていることを，ゆさぶったり，ひっくり返したりするようなネタを準備して，提示のしかたを少し工夫すれば，子どもは意欲的に動き出す。子どもは，なんでも食いではない。ゆさぶられたものやひっくり返されたものを「おもしろい」と思い追究する。

子どもの固定観念をくつがえすネタをつくるには，子どもが今どんな考えをもっているかをつかむことがポイントになる。

例えば，根室市の生活に冷蔵庫が必要かとたずねると，「必要ない。寒いから。冷蔵庫より気温が低いから」などという。ところが，根室では，物が凍らないようにするために冷蔵庫が必要だとわかると，びっくりして家のつくりなどを調べはじめる。

世界一の豪雪地域が日本であることや，雪国が日本の国土の53.3%もあることに固定観念をくつがえされる。

②「わかっている」と思っているのに，実は「わかっていない」というものを考える。

例を挙げるとわかりやすい。「寝殿造にトイレはあったか？」と問うと，「それはあったでしょう」と言う。「実はなかったのだ」というと，「ウソッ」と言う。

歴史にも常識と思っていることが実は非常識であったことがたくさんあることがあって驚く。何しろ歴史の99.9%は仮説だからである。

学習するということは固定観念がこわれていくことでもある。

③子どもの意表をつくものを考える

子どもたちの視野にまったく入っていないネタを開発することである。そうすれば，必ず驚き，意欲を起し，追究しはじめる。

例えば「雪国といわれる地域は，日本の国土の何%くらいあるか」というネタなどは，子どもの意表をつく典型的なものである。「地中海は，世界中にいくつかあるか」という問いや「マンゴーは，どんな実のつき方をしているか」なども意表をつく。

「ヒミコはパンツをはいていたか」というネタなどは，笑いとともに調べはじめるネタである。

こういうおもしろい，意表をつくネタを考えるくせをつけることである。

④子どもの目を開くものを考える

前の項によく似ているが，子どもは知っているようで知らない。知らないようで聞きかじっている。そういう状態にゆさぶりをかけ，新しい認識，より深い認識に至らしめるネタを考えることである。

例えば，「日本には富士山がいくつあるでしょうか？」と問いかけると，

「何を言っているんですか。1つにきまっているじゃないか」と怒ったように言う。

　そこで、「富士山といわれる山は397あり、日本地図で確認できる富士山は72個あります」というと、「そんなバカなことはない」と反論する。日本地図に書き込んだものを見せ、北海道に「利尻富士・知床富士・阿寒富士・北見富士・美瑛富士・蝦夷富士」の6つの富士山があることを話すと驚く。

　「そういえば、なんとか富士とか聞いたことがある」などと言い出し、日本人がいかに「富士山」を好きかに目を開くことができる。

⑤事実を見直さざるを得なくなるものを考える

　身のまわりの社会事象は、見ているようで見ていないものである。そこをつくネタを提示すると、子どもは事実を見直すために、いや見たくなって動き出す。

　魚の切り身を見ただけで、魚の形や色、住んでいる場所、泳ぎ方、その取り方までわかることを知ると、魚屋へ出かけて本物を見たり、調べたりするようになる。

⑥新鮮な出会いをさせるものを考える

　ごみの学習をやっているとき、「君たちの家では、わざわざお金を出してごみを買ってるね。だから、ごみが増えるのだよ」などとゆさぶると、「そんなバカなことはない。ごみなんか買うわけがない」などといいながらも、調べはじめる。見方が新鮮になる。「ごみを買うとはどんなことか」という観点で見直すことになるからである。

　大名行列のときは、「下に、下に」とかけ声をかけていたと思っている。テレビやマンガの影響であろう。これに対して、「『下に、下に』とかけ声をかけてよかったのは、将軍と御三家だけです。他の大名たちは、どんなかけ声をかけたでしょう?」と問いかけると、「へえー」と驚いてしまう。

⑦大事なところをわざとぬいた資料をつくる

　グラフを提示するとき，最も大事なところ，どうしても見せたいところを，わざとぬいた資料をつくる。こうすれば，いやでも気づき，印象に残る。

　絵などでも，わざと大事なところを書かないでおく。

　こういうことができるから，写真より絵の方が有効なことがある。

⑧子どもが体当たりして追究できるものを考える

　こどもたちが，手でさわりながら調べたり，足をつかってあちこち調べてまわることを楽しめるネタを考えることである。「1軒の店がよく売れるか，商店街のように店が集まっている方がよく売れるか」などは，子どもたちが体当たりして調べるのによいネタである。

⑨子どもの生活や生き方と深く結びついているものを考える

　子どもの生活と結びつかないものは理解しにくい。トイレや水のように生活に直結しているものは，体験を通して理解できるし，子どもの考え方や生き方とも深くかかわってくるので価値が大きい。歴史上の人物の生き方を追究するネタ，例えば「一寸法師」のようなものを考え，これから信長・秀吉・家康などの生き方を追究させるように導くのである。

③　1時間で学力をつけるために──教師に必要な心得

　本書は，1つの教材（ネタ）を1時間ないし3時間位で学ぶように構成している。いうならば，1つのネタで，1時間分の学力をつけなければ授業をする意味がないのである。

　毎時間，真剣勝負できるネタを提示しているので，これで学力をつけてほしい。そして，生活化をはかり，「実力」になるよう発展させてほし

いのである。

（1） 授業をきっちり行うこと

「この程度の授業ならぼくでもできます」と若い教師に言われたことがある。1時間できてもダメなのである。毎時間，「ある一定以上の授業」を継続できることがポイントである。なぜなら「授業は布石の連続」であるからだ。

「授業とは何か」で示したことを毎時間きっちり行うことが何よりも大切なことである。

授業はスイカである。単元の一番おいしいところから切り込むと「もっと食べたい」と言って，おいしくないところもつい食べてしまうのである。

（2） 教材研究をきっちりする

常日頃から教材研究をするくせをつけ，おもしろい教材（ネタ）を見つけることである。それを毎時間提示すれば，子どもは真剣に追究し，学力がつく。

この手助けをするのが本書である。何しろ今の教師・学校は忙しすぎる。教材研究する暇がない。しかし，読むくらいはしっかり読んで，教材・ネタを使ってほしい。そうしないと力はつかない。

沖縄で，「マンゴーは，どんな格好でなっていますか」と尋ねてみたが，わかる人はほんのわずかであった。しかし，これを契機にして，いろんな果物の実のつき方を追究するようになったのである。応用がきくものが学力として質が高い。

（3） 指導法の研究をする

「授業とは何か」の表に，6つの技術を精選して提示している。これを日々の授業でみがいていくのである。

特に「子どもの反応を集約・焦点化する」ことがむずかしいので，気をつけて指導していく。すると，しだいに上手になり，子どもたちも協

力するようになってくる。

　平成 24 年度からの中学の社会科教科書を見て驚いた。小学校に負けないくらい「学習方法」を重視しているのである。教えるだけでは受け身で学力がつかない。子どもが自ら学ぼうとすることが大切なことに，中学も気づいたのであろう。

　子どもに「いかに意欲的に学ばせるか」ということが，これからの授業のポイントである。

（4）教科書を見直す

　中学校の教科書が変わってきていることを述べたが，小学校は以前から子どもが学びやすいように，「はてな？」を発見できるように，「調べることができるように」工夫がなされている。

　教師の読み取る力によって，教科書は深い内容を表したり，浅い内容を表したりする。

　わたしが今，先生方に紹介しているのは，「教科書の中に，ハイテク技術がちりばめられているので，これを見つけて子どもをゆさぶると，子どもの教科書を見る目が変わり，学習意欲が出てきて，学力もつく」ということである。

　例えば，官営工場の富岡製糸場（明治 5 年）は，世界一のハイテク技術を備え，それを 404 名の女工に指導したのである。日本の養蚕技術書『養蚕秘録』（江戸中期）は，幕末にフランス語に翻訳されるほど完成度が高く，まさに世界一のハイテク技術であったのである。

　ただ，教科書にはこんな言葉では書いていない。それをしっかり読み取るのである。これが楽しいことこの上なしである。

（5）「指導する」ということを意識する

①見えない（わからない）→見える（わかる）

　このように子どもを変容させることが，指導するということの第一である。習得すべきことを習得させ，活用すべきことを活用させて，探究・

追求へ発展させることである。

②多様な学び方を体得させる

3年生の子どもが，三浦半島のみかん作りを調べようとしたが資料がない。そこで，愛媛や和歌山のみかん作りの本を応用して調べた。3年にしてこんなことができるのである。

5年生で地下資源は足りているか余っているか調べようとしているとき，1人の子どもが「貿易」の本で調べていた。「ちがうんじゃないの？」と言ったら，子どもいわく，「足りなければ輸入しているはずだし，余っていれば輸出しているはず。だから貿易から調べた方がわかりやすい」と言ったのである。

私はこの調べ方に驚いて，みんなを集めて紹介した。これで調べ方が変わってきた。

③学習意欲を引き出す

教育の究極の目的は，学習意欲を引き出すことではないだろうか。意欲さえあればどんな努力も，工夫も，挑戦もする。

意欲を引き出すには，何といってもおもしろい教材（ネタ）が必要なのである。

本書では，「指導する」ということにも重点をおいて各項目でなるべく詳しく述べている。これをもとにして工夫して指導し，意欲・やる気を引き出してほしい。

以上の5項目を毎時間意識して継続的に指導すれば，必ず1時間に1時間分以上の学力がつくはずである。これは，私が実証済であることを申し添えておきたい。

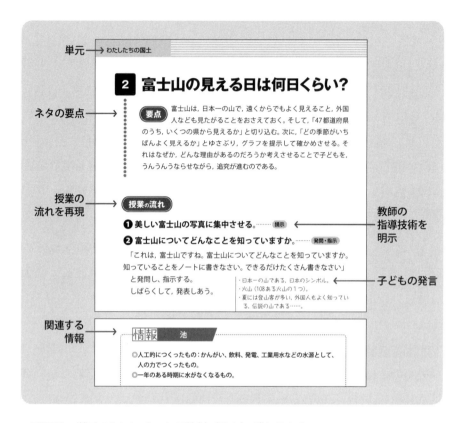

項目は，単元ごとにいくつかの教材（ネタ）があります。

はじめに［要点］を読み，大まかな内容をつかんでから［授業の流れ］で順序を頭に入れて授業を展開してください。

［授業の流れ］は，教師の指導を中心として，授業をどのように進めていけばよいかがわかるように構成してあります。また，具体的な発問や提示内容だけでなく，その指導技術の種類を（提示）（発問）（指示）（説明）（確認）（ゆさぶり）などとして明示しています。

実践して子どもから挙がった発言は，原則として右側に寄せ，読者が授業を進める上での子どもたち反応の参考となるようにしています。

さらに［情報］として，その項目に関する知識を増やすための材料を添えました。

資料も適宜，コピーして使えるようにしてあり，すぐに授業に臨めます。

「材料七分に腕三分」。七分の材料を用意しました。三分の腕を存分に発揮してユニークな，おもしろい実践を展開してください。

5年生の授業

1 日本の気候の南北のちがいは？

要点 日本の気候は，南北によって大きくちがう。この気候のちがいを桜前線と紅葉前線を手がかりにしてつかませる。桜前線は南から北へ時速25kmで北上し，紅葉前線は北から南へゆっくり南下してくる。この学習によって，夏と冬はどこからやってくるか予想することができるようになり，楽しく学べる。生活とも結びついている。

授業の流れ

❶ 資料①をだまって提示する。……… 提示

桜前線の図をだまって黒板に提示する。

❷ この地図は，何を表わしているでしょう。……… 発問

ヒント「一日の平均気温が10℃になると開花します」

・ひかんざくらとあるから桜でしょう。
・南から北へ日にちがのぼっていっている。

❸ 春は，どこからどこへ進んでいるのでしょう。……… 発問

桜とわかりましたね。すると，「春は，どこから，どこへ進んでいる」と言えますか。

｜・南から北へ

資料① 桜前線　1971年〜2000年の平均（気象庁）

❹ 春のおとずれ方が違うのはどうしてでしょう。……… 発問

同じ日付の線が，日本地図上で曲がりながら結ばれていることに注目させ，その理由を問う。

・高さの低い所が春が速い。
・高さの高い所が春が遅い。

❺ この地図は何を表しているでしょう。……… 提示・発問

資料②を提示して、「この地図は、何を表わしているでしょうか」と問う。

・北から南へ南下している。
・高い所が速い。
・低い所が遅い。
・桜前線と逆になっている。

★ 7℃がポイントで、これを体験してから 20 日すると紅葉が始まるのです。

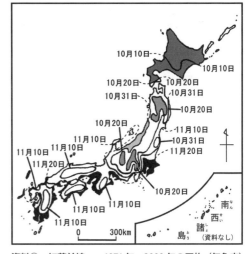

資料② 紅葉前線　　1971 年〜2000 年の平均（気象庁）

❻ 桜前線と紅葉前線はどちらが早いでしょう。……… 発問

資料②が紅葉前線であると確認した上で、両方の前線の早さに着目して比べさせる。

・桜前線はゆっくり北上している。
・紅葉前線の方が遅い。ゆっくり南下している。

桜前線と紅葉前線は、ちょうど逆になっていることに気づかせ、日本の気候の変化を見るバロメーターになっていることに気づかせる。

❼ 紅葉のきれいな国は限られます。

……… 説明

富士山

春	高さ	秋
5月初	1200	9月中旬
4月末	1000	9月末
4月末	800	10月中旬
4月中旬	600	10月末
4月中旬	400 m	11月中旬

日本、カナダ、ライン川のほとり（ドイツ）、韓国。最も長期間見られるのは日本です。外国からも見に来ます。

高さに直してみると、**桜は下→上　　きくは上→下。**

2 富士山の見える日は何日くらい?

要点 富士山は，日本一の山で，遠くからでもよく見えること，外国人なども見たがることをおさえておく。そして，「47都道府県のうち，いくつの県から見えるか」と切り込む。次に，「どの季節がいちばんよくよく見えるか」とゆさぶり，グラフを提示して確かめさせる。それはなぜか，どんな理由があるのだろうか考えさせることで子どもを，うんうんうならせながら，追究が進むのである。

授業の流れ

❶ 美しい富士山の写真に集中させる。……… 提示

❷ 富士山についてどんなことを知っていますか。……… 発問・提示

カレンダーなどに使われた美しい富士山の写真を，だまって黒板に提示する。子どもの目が集中する。「美しい！」などの声も出る。

これは，富士山ですね。富士山について知っていることをノートに書きなさい。できるだけたくさん書きなさい。

しばらくして発表し合う。

資料① 富士山の見える県
（NHK クイズ面白ゼミナールの調査）

・日本一の山である，日本のシンボル。
・火山（108ある火山の1つ）
・夏には登山者が多い，外国人もよく知っている。伝説の山である。

★伝説を調べるように導く。

❸ 富士山は，日本一高い山で，しかも，美しい山で，遠くからでもよく見えます。 ……… 確認

❹ 47都道府県のうち，富士山の見える県は，何県ぐらいあるでしょう？ ｜・（予想）5〜10県くらい

❺ 「富士山の見える県」（資料①）を提示する。 ……… 提示

　なんと21もの県から見えるのである。まず，これに驚く。日本の半分近くの県から見えるのだから。

❻ 富士山の見える県を，ノートに書きなさい。 ……… 指示

　これで県名の復習をする。

❼ どの季節がいちばんよく見えると思いますか？ ……… 発問

　春夏秋冬のいつがいちばんよく見えるか問いかけて予想をたてさせる。できるだけ理由も挙げさせる。グループで話し合い，ノートさせてから発表させると，多様な予想がある。東京の子どもは，経験的に「冬」がよく見えることを知っているが――。

❽ 冬に富士山がよく見えるわけを考える。 ……… 提示

　予想が出そろったところで，だまって「富士山の見えた月別日数」（資料②）を提示する。

　子どもたちは，グラフを見て驚く。こんなに夏と冬で差があるのか，と。そして，「冬によく見えるのはなぜか」，逆に「夏見えないのはどうしてか？」といった問題を鮮明にもち，予想を立てはじめる。

　「冬の季節風が，空気を浄化することによってよく見える」こと，夏見えないのは，風向きが異なる（北西の風）ことに気づかせる。

・冬よく見えるのは，冬の季節風が，空気をきれいにしているのでは。
・冬は公害が少ないのではないか。
・気温が低いとよく見えるのではないか。
・夏見えないのは，京浜工業地帯のよごれた空気を富士山の方へおしやるからではないか。

31

1983年には84日しか富士山は見えなかったのに、2010年には115日見え、2011年には131日見え、新記録をつくった。東京の西方の大気がきれいになっている証拠である。1965年にはわずか22日しか見えなかったのだから。

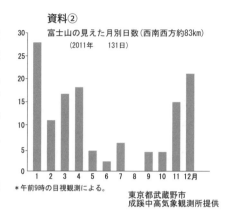

資料②

富士山の見えた月別日数（西南西方約83km）
（2011年　131日）

＊午前9時の目視観測による。

東京都武蔵野市
成蹊中高気象観測所提供

❾ **自然の力には、どんなものがあるでしょう。**……… 発問

季節風が、日本を浄化していることがわかったが、ほかに、日本の国土をきれいにしている自然の力には、どんなものがあるでしょう？

・雨―日本は雨が多い。だから日本は美しい。
・川―湖、池、川はきたないものを流す。
・山―森林、林、街路樹、庭木。
・土（地質）
・海流―4つの海流。

◆ 発展

❿ **日本に富士山はいくつあるでしょう？** ……… 発展

資料③を提示する。なんと72もあるのだ！（地図で確認できるもの）
日本人が、いかに富士山にあこがれ、富士山を愛しているかわかる。
富士山のない県は、いくつもないのは驚きに値する。

⓫ **ベストセラー「富嶽三十六景」から何がわかりますか。**……… 発展

「葛飾北斎の『富嶽三十六景』が江戸時代にベストセラーになったということから、どんなことがわかりますか」と問う。

・江戸時代の人も富士山に憧れていた。
・富士山を見る、登山するのを楽しみにしていた。
・くらしが豊かになっていた。

①利尻富士　⑲越後富士　㉞菰野富士
②知床富士　⑳能登富士　㉟伊賀富士
③阿寒富士　㉑富士写ヶ岳　㊱近江富士
④北見富士　㉒越前富士　㊲大和富士
⑤美瑛富士　㉓若狭富士　㊳紀州富士
⑥蝦夷富士　㉔高井富士　㊴丹羽富士
⑦南部片富士　㉕信濃富士　㊵有馬富士
⑧出羽富士　㉖信濃富士　㊶小富士山
⑨吾妻小富士　㉗会田富士　㊷播磨富士
⑩会津富士　㉘諏訪富士　㊸播磨小富士
⑪田村富士　㉙黒富士　㊹はりま富士
⑫榛名富士　㉚富士山　㊺淡路富士
⑬新湯富士　㉛下田富士　㊻和気富士
⑭芳賀富士　㉜日和田富士　㊼備前富士
⑮生瀬富士　㉝尾張富士　㊽児島富士
⑯上総富士
⑰八丈富士
⑱三浦富士

㊾社 富士
㊿安芸の小富士
51伯耆富士
52浅利富士
53長門富士
54周防富士
55大島富士
56讃岐富士
57伊予富士
58伊予の小富士
59大洲富士
60介良富士
61小富士
62筑紫富士
63伊万里富士
64藤津富士
65小富士山
66相浦富士
67赤崎富士
68佐世保富士
69おぐに富士
70豊後富士
71小富士山
72薩摩富士

資料③　日本中にある富士山
※外国にも「○○富士」と言われる山が今現在わかっているだけで 59 あります。

3 根室地方の人びとのねがいは, どんなことか?

要点 　根室半島の先端, 納沙布岬(のさっぷ)に行くと, まだ返還されない北方領土が, 目の前に見える。ロシアの警備艇が, 海の中の国境付近に停泊しているのが目に入り, 国境のきびしさを感じさせられる。根室地方の人々は, こんぶ漁で生計をたてる人びとが多い。こんぶ漁をする人びとを中心に, 根室地方の人びとはどんなねがいをもっているかさぐる。それは,「平和」である。平和でなければ, こんぶも魚もとれないし, 第一安心して生活できない。なにしろ国境のすぐ近くだからである。これは日本全体の問題でもある。

授業の流れ

❶ 根室地方の地図を提示して日本のどこかつかませる。……… 提示

　　・日本の北の市だ。
　　・北海道の東のはしだ。
　　・寒いだろう。

❷ 根室地方の人びとは, どんな仕事をして, くらしをたてているでしょう。……… 発問

　　・こんぶやさけなどが有名だから, 漁業でくらしをたてているのではないか。
　　・牛乳とか, バターとかチーズなどの方が有名だから, 酪農がさかんではないか。
　　・じゃがいもや, とうもろこしも有名だから, 野菜づくりでくらしをたてている人が多いだろう。

　など と, 経験にもとづいたことを挙げてくる。

❸ 子どもたちの発表の裏づけをする。……… 確認

　こんぶ, こまい(干したもの。スーパーに売っている), 牛乳の箱などを提示して, 子どもたちの発表の裏づけをしてやる。

根室半島は根室市の西部・別海町を中心とした地域は酪農中心であることを話す。

こんぶや魚をとって，あるいは，それを加工してくらしをたてている人が多いことに気づかせる。

❹ 写真を提示しながら，こんぶ漁について説明する。⋯⋯⋯ 説明

写真は道北・利尻島でこんぶを干す風景。干している人が見えますか？（利尻富士町役場提供）

「夏に行くと，長いこんぶをつるして干したり，海岸に帯のように並べて干しているのに出会います」と，こんぶ漁について説明する。

┌─ 情報 根室地方のこんぶ漁 ─────────────┐

根室地方のこんぶ漁で生計をたてている人びとは，毎年，なにがしかの入漁料（1船いくらというように。毎年，ロシア側と交渉して，入漁料が決まる）を支払って，ロシア領海にこんぶをとりに出かける。

日本領海内ではすでにとりすぎのため，思うようにとれないからである。

ロシア領海の方がよくとれるので，お金を払っても，結局，こちらの方がもうけが多くなるからである。

入漁料とともに，こんぶをとってよい期間も決められている。

└──────────────────────────────┘

❺ 根室地方のこんぶや魚をとってくらしをたてている人びとのねがいは，どんなことでしょう。⋯⋯⋯ 発問

・「こんぶや魚がたくさんとれることをねがっている」という。
・ロシアの領海でとっている。

その通りである。さらに，「では，たくさんとれるようにするには，どんなことが必要か？」とつっこむ。なんといっても「平和」でなければ，国境付近は危険で漁業できない。子どもの目が開く。

★平和は日本，いや世界の問題である。

4 流氷は「海のフトン」って本当か?

要点 オホーツク海に流氷がやってくると，漁船は陸にあげられ，冬眠に入る。大きな船は，太平洋や日本海に漁に出かけるが，ほとんどの漁民はしごとを休む。3か月近い休漁は，漁民の生活に大きな影響を与えている。流氷は，年によって沿岸のホタテ養殖のかごをそぎとったり，コンブの若い芽をこすりとって。大きな損害を与えたりする。漁民にとってやっかい者であったが，近年考え方が変わってきた。流氷のきている間漁を休むことが，魚のとりすぎを防ぎ，オホーツク海の海の資源を守ることになっていると考えるようになったのだ。流氷の見方を変えるネタである。

授業の流れ

❶ これは何を表わしているでしょう。……… 発問

流氷のくる所を提示し，考えさせた後に，地図を配布し，教科書や参考書を見て，流氷のくる海岸に，赤く色を塗りなさい」と指示する。

・流氷は，北海道のオホーツク海側にやってくる。
・根室半島の北側だけ，流氷がくる。
・クナシリ島も北側だけ流氷がくるようだ。

★「流氷の旅」の話をする。

流氷のくる所

　流氷が北海道のオホーツク海沿岸に姿を見せるのは，毎年 1 月中旬頃である。この流氷の誕生した所は，オホーツク海の北にあるシベリアのシャンタルスキー湾の近くである。11 月中旬頃のことである。
　海水の塩分は，約 3.5%あるため，氷点下 1.8℃にならないとこおらない。
　これが，海流と季節風にのって，サハリンぞいに南下してくる。
　誕生から 2 か月，1000km の旅をして，その間にしだいに成長し，流氷帯に近づいてくる。

❷ 流氷がきて，海にぎっしりたまったら，どんな困ることがあるでしょう。……… 発問

・漁ができない（1〜3 月まで 3 か月間）→収入がへる。
・コンブやホタテ養殖などに被害を出す。
・気温がものすごく下がり，寒くなる。
・過去，流氷のため遭難した船は，239 隻あり，51 人が死亡した。

❸ 流氷がくると困ることだけではなく，よいこともあるのではないか。……… ゆさぶり

・流氷がくると漁を休む→魚のとりすぎを防ぐ ｝ 「海のフトン」の役目をしている。
・流氷がオホーツク海のプランクトンをふやしている
・流氷を見物にくる人（観光客）がいる。オーロラ号という観光船がある。

　流氷が冬の海を守り，魚やこんぶ，を育てを担っていることに思いいたらせる。

　★流氷が冬の「海のフトン」の役目をしているため，とりすぎを防ぐことになっている。

5 根室半島は, どうして植物のようすがちがうか？

要点 根室半島は, 長さがおよそ 30km ほどの, 細長い陸地である。このわずか 30km くらいの半島に, 3 つの植生がある。この 3 つのちがいは, 何でおこるのか？これは, 気候のちがいである。気温, 降水量, 冬の風, などによっておこる。距離は短くても, 気候のちがいははっきりしているのである。

授業の流れ

❶ 白地図を提示する。……… 提示

次ページの地図の, 文字をいっさい取ったものを提示する。

❷ （A）と（B）と（C）では, 植物のようすが, まったくちがいます。どのようにちがうでしょう。……… 発問

--- **情報** 根室半島 3 つの植生 ---

　いちばん東の方は, 平らな草原が多く, 木はほとんどない。庭木なども, 1m くらいのものしか育たないという。見わたす限り草原である。
　半島の中央部は, 相当に大きなから松などがある。しかし, 冬になるとほとんど葉が落ち, 寒ざむとしている。中央部北側には,「風しょう木」という, 背が低くて, 北側にはまったく葉も枝もない木が, かなりかたまってある（次ページ写真左）。草原と風しょう木のある所が, 線を引いたように, はっきりと区別されているのは, まさに驚きである。
　半島の西, つけ根にあたる所には, えぞ松など, 冬でも葉の落ちない木がある。

　いろいろな予想を出させる。十分に予想させたあと,（A）草原,（B）冬, に落葉するから松など,（C）冬でも落葉しないえぞ松などがあることを知らせ, 地図に記入する。

写真は根室市役所提供

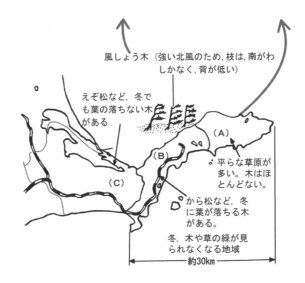

風しょう木（強い北風のため，枝は，南がわ
しかなく，背が低い）

えぞ松など，冬で
も葉の落ちない木
がある

(A)

(B)

(C)

平らな草原が
多い。木はほ
とんどない。

から松など，冬
に葉が落ちる木
がある。

冬，木や草の緑が見
られなくなる地域

約30km

❸ わずか 30km くらいしかない半島で，なぜ (A)，(B)，(C)
のようなちがいが出るのでしょう。……… 発問

※ (C) から (A)（北東）へ進むにつれて，冬の寒さがきびしく，風も強
いこと。「雪も横向きに降る」といわれるほど，冬の北風が強いためであ
ることを，写真を見ながら明らかにする。

6 根室市の生活に冷蔵庫が必要か？

北海道の根室市を，子どもたちは，ものすごく寒い所だと思っている。このような寒い土地にも人が住んでいることがわかり，驚く。そこに，「市」があることにも驚く。12月から3月まで0℃以下の生活が4か月もつづく。10℃以下になると，7か月もつづく。この寒い，とくに，冬の寒さのきびしい根室市での「冬の生活に冷蔵庫が必要か？」という問いかけは，子どもの意表をつく。この寒さだったら「冷蔵庫はいらない」と考える子どもたちにゆさぶりをかけるのである。

授業の流れ

❶ 雨温図を見せて，寒さのきびしさに気づかせる。 ……… 提示・気づき

上の雨温グラフを見せて，根室の冬の寒さのきびしいことをつかませる。そしてこんな寒い所でも人が住み，「市」になっていることに気づかせる。

❷ この寒い根室での冬の生活に，冷蔵庫が必要だろうか。 ……… 発問

子どもたちは，「ええ？」と驚く。

・12月から3月まで，0℃以下の月がつづくので，冷蔵庫はいらない。
・冷蔵庫の中の温度は，4～7℃くらいでしょ。7℃以下の月をかぞえてみると，7か月もある。
・この7か月は，冷蔵庫の中の温度と同じくらいだからいらない。
・これは平均気温だから，寒い日もあるかわり暑いような日もあるかもしれない。
・暑いとき，冷蔵庫がなかったら，肉なんかくさってしまう。だから，冷蔵庫が必要。

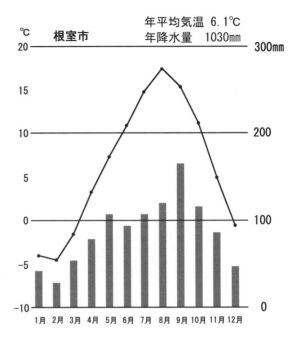

°C 根室市　　　　　年平均気温　6.1℃
　　　　　　　　　　　年降水量　　1030mm

1971年から2000年までの
平均値（理科年表　2009年版）

❸ 冷蔵庫は必要か不要か。……… 発問

　冷蔵庫必要派と不要派が，それぞれ理由をあげて論争する。これを教師
は支援し，はげしく論争させる。論争の中から，新しいことが生まれてく
る。

　新しい観点が出てこないときは，次のような示唆をする。

❹ 冷蔵庫は，ものを冷やすだけですか？……… 示唆

　この発問でハッとして子どもたちは，冷蔵庫の中の温度の方が，冬の外
の気温より高いことに気づく。

　「0℃以下のところに，肉や魚・野菜などをおいておくと凍ってしまい
ます。外は寒すぎて凍ってしまいます。一度凍った野菜は，食用になりま
せん。穴がたくさんあいて，食べられなくなります。

　室内は暖房がきいてあたたかいため，肉や魚・野菜はいたんでしまいま
す。だから，肉や魚・野菜を凍らせたり，いたませたりしないために，冬
に冷蔵庫が必要なのです。根室や稚内では冷蔵庫がないと生活できません」

　★こんな話をすると，目をまるくして聞いている。そして，「もっと寒い所
　ではどんな生活をしているのか」と，調べようとするようになる。

7 沖縄県に「こたつ」は必要か?

要点 沖縄県は，日本の最南端に位置する，暖かい所である。年平均気温が，23.1℃という暖かさである。月別平均気温を見ても，最も気温の低い月が1月の17℃で，20℃以下の月が4か月間しかない（東京は8か月間）。20℃以下といっても，最低が17℃だから，寒いというほどのことはない。だから，沖縄では「こたつ」をはじめ，「ストーブ」などの暖房はいらない，と考える。ところが，沖縄県の中でも南の石垣市でさえ，暖房器具を売っているのである。つまり暖房器具が必要なのである。1月には，10℃以下の日がけっこうある。10℃以下になるとやはり寒い。暖房が必要になる。暖かい日が多いだけに，少し気温が下がると，ものすごく寒く感じるので，暖房を使う。これは，子どもたちの意表をつく。ただし，沖縄県以外の地域での話である。

授業の流れ

❶ 日本で，一番暖かい県，暖かい地域はどこでしょう。……… 発問

子どもたちは，すかさず「沖縄県です」と応答する。

日本の南にあり，暖かいことは知っている。何しろ，3月下旬には，日本一早い「海開き」が行われるくらいである。

那覇市と東京の平均気温グラフ

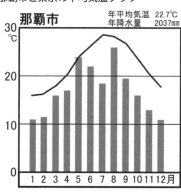

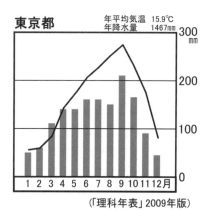

（「理科年表」2009年版）

ここで，気温の資料を提示し，いかに暖かいか，数字でつかませる。

❷ 沖縄県の人々の生活に「こたつ」や「ストーブ」などの暖房器具は必要でしょうか。……… 発問

暖かくて，10℃以下の月はまったくないことを確かめたうえ，子どもたちに問いかける。

・必要ないですよ。
・一番寒い1月でも，17℃くらいあるんだから。
・17℃というのは，東京では4月の終わりから5月にかけてくらいでしょう。その頃は，暖房を使っていないよ。

❸ 1月の17℃というのは平均気温だから，寒い日はもちろんあるんじゃないかな。……… ゆさぶり

ゆさぶってみる。しかし，子どもたちは「寒くても10℃以下となることはないから，こたつはいらない」と言う。

「実は，沖縄県で一番南にある石垣市でも，こたつやストーブを使っています。売っている店もあります」と話すと驚く。

╴╴╴ 情報 オーバーやコートを持っているか

石垣市の人はもちろん，那覇市など沖縄本島の人は，オーバーやコートを持っているだろうか。こたつ同様，売ってはいるが，わたしの友人たちは，「めったに必要ないので持っていない」と言っていた。彼らが2月の東京に来たときも着ていなかった。「寒い，寒い」と言っていたので，わたしのコートを貸した。「沖縄にいれば必要ないからね」と言っていた。

8 宮古島の「地下ダム」とはどんなしくみ？

要点 沖縄は，降水量は多いのに水不足である。なぜだろうか。それは，雨水をたくわえる森林の多い高い山や，大きな川がないうえ，島が水を通しやすい岩からできていることなどのためである。水さえ十分にあれば，暑さを武器にさとうきびもたくさんできるし，そのほかの農作物ももっともっとできる。宮古島は，夏季になると例年，慢性的な水不足に見舞われ，数年に一度はさとうきび畑が干ばつの被害を受けている。そこで地下ダムが建設されたのである。

授業の流れ

❶ 沖縄県の人たちには，どんな悩みがあるのでしょうか。

………発問

このように問いかけると，多くの悩みや問題点があがってくる。

・アメリカ軍の基地がたくさん残っている。
・軍用地にとられている農家の人たちは，土地を返してほしいと願っている。
・沖縄県内に，仕事が少ないため，若い人が県外へ働きに出て行くので困る。
・観光客が多くなったため，美しい自然が壊されることもある。
・観光客が多い夏に水不足になる。
・飲み水も，農業用水も不足している。
・ダムをつくる所がない。

この中から，水不足の問題をとりあげることを話し合う。

❷ 沖縄県は，東京と比べて雨が少ないでしょうか。………発問

教科書や地図帳で，降水量を調べさせる。すると，沖縄は雨が多いことに気づく。

- 東京より多い。台風がよくきているから。
- 東京の年平均降水量は1,528mm，那覇市は2,040mmで，沖縄の方が多い。
- 2,000mmを超えているなら多い方だよ。

❸ 沖縄は，雨が多いのに，どうして水が足りないのでしょう。

········· 発問

　教科書の記述などから，次のことを明らかにする。

┌─────────────────────────────────
│ 情報　水不足の原因
│
│ ・雨水をたくわえる森林が少ない。
│ ・森林の多い高い山がない。
│ ・高い山がないため，大きな川がない。
│ ・島が水を通しやすい岩からできている。
└─────────────────────────────────

　せっかく降った雨を海へ流してしまっていることに気づかせ，「もったいない」と思わせる。

❹ 海へ流れてしまっている水を，何とかできないでしょうか。

········· 発問

　このように問いかけると，子どもたちは，「大きなダムをつくればよい」と言う。ところが，大きなダムをつくるような地形の所がないことに気づかせる。

　そこで新しい方法として，宮古島に「地下ダム」をつくったことを話す。

　右の地図のように，地下水の流れがある。もちろん，地下の深い所である。

宮古島の地下水の流れと地下ダム

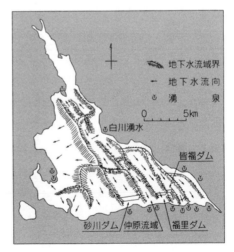

45

　この地下水の流れる道を，「地下ダム」で防ぐ。海へ流れ出てしまう地下水を，地下に堤防をつくって止め，それをくみ上げて使うのである。

　つまり，地下の川の下流にあたる所に，壁をつくって，水をせき止める。大きなキリを回転させて地下を掘った後，セメントを入れてコンクリートの筒をつくる。その筒をいくつもだぶらせて地下の堤をつくる。これで莫大な水がたくわえられる。

情報 地下ダムのつくり方

・地上から地中に，パイプを入れる。

・パイプに，高圧でセメントミルクを注入して，地下で固める。

・この作業を次々にくり返して，地下に堤防をつくっていく。

・地中の堤防は，皆福ダムは，高さ16m・長さ500m・厚さ5m。砂川ダムは，高さ50m・長さ1,677m・厚さ0.5m。福里ダムは，高さ27m・長さ1,790m・厚さ0.5m。

・3つの地下ダムには，2,070tの水がたくわえられている。地下の石灰岩層の体積の1割が隙間で，ここに水がたくわえられている。これをポンプでくみあげる。

地下ダムの模式図

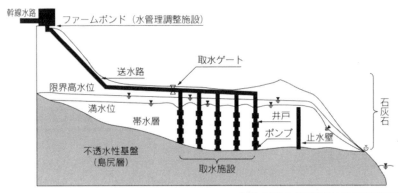

（図は4点とも『国営宮古土地改良事業概要書』
沖縄総合事務局宮古農業水利事業所，平成9年3月

情報　地下ダム

　日本には，5か所に地下ダムがある。

　昭和49年に完成した，長崎県野母崎町樺島の野母崎地下ダム（2万t）と，昭和58年に完成した福井県三方町常神地下ダム（7万3,000t），昭和54年に完成した宮古島の皆福ダムに加え，平成5年に砂川ダム（950万t），平成10年に福里ダム（1,050万t）の地下堤防が施工され，取水施設を含めた地下ダムが平成12年に完成した。

　総貯水量2,070万t。全島を干ばつから救うことになった。

　仲原地区は地下水盆からの自然くみ上げができている。

地下ダムの有無比較図

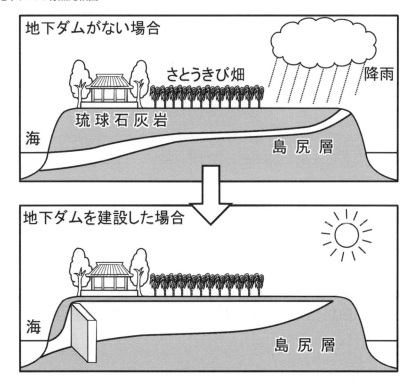

9 沖縄のさとうきびは，どうして曲がっているのか？

要点 さとうきびは，沖縄の特産品であり，沖縄の基幹産業である。このさとうきびは，長さ3mくらいになるが，どのさとうきびも，だいたい同じくらいのところで曲がっている。この原因は，台風である。毎年，必ずといってよいほど，何個かの台風が沖縄の真上か近くを北上する。台風の通り道に，沖縄がある。この台風の影響で，さとうきびは曲がる。しかも，おもしろいことに，南向き，または，南西に向かって曲がっている。さとうきび1本で，沖縄の気候をとらえることができる。

授業の流れ

❶ **これは沖縄から送ってもらったものです。何でしょう。**……… 提示

　沖縄からさとうきびを数本送ってもらって，教室へもち込む（入手困難なときは，紙をまいてつくった模型でもよい）。

- すすき
- 竹
- とうもろこし
- 「さとうきび」という声が出てくる。
- 葉をかんでみる子もでてくる。
- 甘いという。
- すすきでも，竹でもないようで，
- 甘いので「さとうきび」

❷ **沖縄には，まっすぐなさとうきびはありません。みんなこのへんで曲がっています。どうして曲がっているのでしょう。**
……… 発問

・さとうきびは，暑い所にしかできないので，ビニルハウスの中でつくり，ハウスの天井につかえて曲がったのではないか。
・さとうきびの性質で，この辺になると曲がるのではないか。
・あまり長いので，飛行機のトランクにつめなかったので曲げたのではないか。
・沖縄は，亜熱帯で暑いから，熱で曲がったのではないか。
・植物は太陽の方へ曲がる性質があるから，南側へ曲がったのではないか。
・沖縄の土には，さとうきびを曲げる性質があるのではないか。
・年をとったので，自然に曲がったのではないか。年をとらないと糖分はたまらないと思う。
・糖分がたまって重くなり，体重を支えきれなくなって曲がったのではないか。
・台風がきて曲がったのではないか──沖縄の方は，よく台風がきているから。

　曲がったさとうきびを前にして，子どもたちは，こんな予想をたてる。考え方がとてもおもしろい。

　ふだんものをいわない子どもでも，めずらしい具体物があると，よく考えて発言する。発言させるには物があるとよいことがわかる。

❸ **さとうきびが曲がっているわけを調べる。**……… 活動

　予想をもとにして，どれとどれかが正しいか，もっとほかに理由はないか，調べる。教科書や参考書で調べる。

　その結果，台風がきて曲がったということが，教科書や参考書の記述から正しいことがわかる。しかし，残りの8つの予想にこだわる子どももいる。当然のことである。

❹ **では，さとうきびが曲がるのは，東西南北のどちら向きでしょう。**……… 発問

> ・南のあたたかい所の植物は，南の太陽の方へ曲がる。
> ・台風は南からくるので，北へ倒れる。
> ・台風の南風に向かって，「オレは強いぞ！」と，南へ向かって倒れる。
> ・どちらの向きにも倒れる──倒れる向きはきまっていない。

❺ **台風のとき吹く風は，「南風」といえるでしょうか。**………発問

ゆさぶりを開始する。

「台風」は，南からくるので，「南風」だと決めつけている子どもが多い。常識的には，その通りであろう。

そこで，台風のうずまきを上下に 2 つ描いて，問いかける。

❻ **沖縄へくる台風は，どちらですか。**

………発問

テレビの台風情報などをよく見ている子どもは，Ⓐだということがすぐわかる。わからないときは，C（赤道）を入れる。すると，ほとんどⒶだということがわかる。

❼ **さとうきびは，どちら向きに倒れているでしょう。**………発問

台風は，沖縄の真上か東側を北上することが多い。とすると，沖縄での風向きは，「ほぼ北風」。

子どもたちは，ノートにⒶやⒷを描いてみて，さとうきびは「南向き」に倒れているものが多いはずだと気づく。

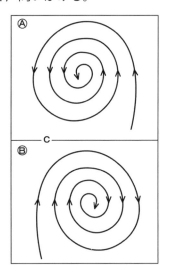

情報 台風のうずまき

　北半球の台風のうずまきは，左まきで，反時計まわり。台風は沖縄の東側を通ることが多い。このため，沖縄には，北風または，北東の風が吹くことになる。すると，さとうきびは，その反対向きに倒れることになる。

情報 滑走路の数字

　那覇空港の滑走路は「18 — 36」。これは，「180° — 360°」ということで，南北にピタリと向いている。
　福岡空港の滑走路は，「16 — 34」だから「160° — 340°」ということで，図のBのようになっている。飛行機は，風の吹く方向に向かって離着陸する。この方が浮力がついて安全だからである。
　この滑走路の数字は万国共通である。

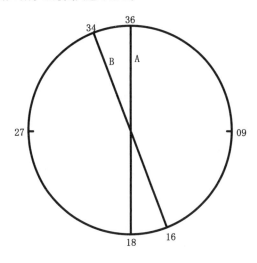

10 さとうきびの節の間隔が ちがうのはなぜか？

要点 1本のさとうきびの節の間隔は，大きいところや小さいところがある。これは，何によってこうなるのであろうか。(39ページのイラスト参照)。つまり，夏の暑い時期に，十分な雨が降ると，節の間隔が大きくなり，全体的にも成長が著しい。だから，さとうきびを見れば，その年の気候がわかるのである。さとうきびは沖縄の「気象庁」である。

授業の流れ

❶ 節の間隔の大きいところや小さいところがあるのはなぜでしょうか。……… 発問

子どもたちは，さとうきびの曲がっている理由を調べているうちに，節の間隔のちがいに気づいてくる。

子どもたちは，そのちがいの理由として第一に，「肥料」を挙げる。そこで，「肥料みたいなものだけど，肥料ではないよ。自然現象によってちがってくるのです。」と，示唆する。さらに，発問を続ける。

❷ さとうきびをつくる人たちは，「台風よ来い」「何かをもって来い」といっています。それはなぜでしょうか。……… 発問

こうして，

・「雨だ。雨だよ！」
・「雨でしょ。雨は，自然現象だからね」

「水が十分あるとき→節の間隔が大きい」
「水が不足するとき→節の間隔が小さく狭い」

ということがわかってくる。

※ここで，「五風十雨」ということばを，国語辞典で調べさせる。「五風十雨」(5日に一度風が吹き，10日に一度雨が降る意。気候が順調なこと) のとき，節の間隔も大きくなることを理解する。

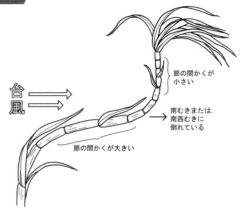

情報 さとうきびの成長

節の間隔に，大きな影響を与えるものは，「水（雨）」と「気温」である。水（雨）が十分にあると，節の間隔が大きく，すーっと伸びる感じになる。雨が少ないと，節の間隔が狭くなり，ずんぐりしてくる。

節の間かくが小さい

南むきまたは，南西むきに倒れている

台風

節の間かくが大きい

また，「19℃以上」の気温だと，光合成がよく行われ，成長する。したがって，節の間隔も大きくなる。熱帯植物といわれる理由がここにある。

さらに，肥料を十分にやったり，余分な下葉を落とすことなども，節の間隔を大きくする条件になる。

❸ 節の間隔が大きくなるのには，水が関係あります。が，もうひとつ関係の深いものがあります。それは何でしょう。……… 発問

「気温」だということはわかる。しかし，「19℃以上」ということはわからないので，説明する。

❹ 19℃以上だと光合成がよく行われ，成長します。……… 説明

水が十分にあってのことです。19℃以下だと成長がにぶります。

❺ 節の数は，いくつありますか。……… 発問

子どもたちは，数え始める。大体 30 節前後である。

1 月に「平均 2 節成長する」ことを教えると，計算する。「30÷2＝15」となり，さうきびは，芽が出てから大体 15 か月で刈り取られることがわかる。これから逆算していけば，△月ごろ台風がきた，○月には雨が多く，×月には水不足であったなど，沖縄の気候がわかることに気づいてくる。

「さとうきびは沖縄の気象庁だ！」と叫ぶ子どもが出てくる。

53

11 こんな寒い土地に人が住んでいるのだろうか?

要点 次ページの「気温と降水量グラフ」の「根室市」の文字を消して「?」にして提示し、気温と降水量から気候の様子をつかませる。「?」の土地は、年平均気温がわずか6.2℃、年降水量が801.9mmで那覇市の1月と同じくらいの気温である。「こんな寒い土地に人が住んでいるのだろうか?」と切り込む。「人が住むには寒すぎるので、住んでいない」という意見と、「南極でも人が住んでいるのだから（長期滞在）、住んでいるのではないか」という意見が対立する。「農作物ができないと生活できない」という考えに対して、「米などは買って、魚をとって売ったりしたら生活できるのではないか」という考えも出てくる。はじめは「住んでいない」という考えの方が強いが、次第に「住んでいるらしい」という考えが強くなる。グラフ1枚でゆさぶられるネタである。

授業の流れ

気温と降水量グラフ

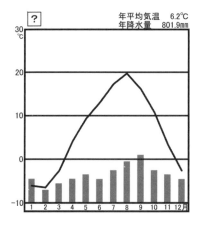
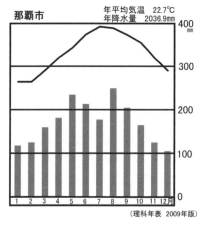

（理科年表 2009年版）

❶「？」の土地の気候は，那覇市に比べて，どのくらい寒いでしょう。……… 提示・発問

「気温と降水量グラフ」の2枚を提示して問いかけると，子どもたちは，まず，気温に目をつける。

・0℃以下の月が，12月から3月まで4か月間も続く。
・一番暑い月でも16℃くらいで，20℃を超す月はない。
・年平均気温は，わずか6.2℃しかない。
・降水量は801.9mmで，那覇市の半分以下しかない。

❷ こんなに寒くて雨の少ない土地に，人が住んでいるでしょうか。……… 発問

子どもたちは，「え？」と言いながら考える。

A ・人が住むには寒すぎるので，住んでいない。
　・住めないことはないけれども，生活できないので住まない。
　・農作物ができず，生活できないと思うので住んでいない。
B ・南極のような寒い所でも人が住んでいるのだから住んでいると思う。
　・その土地でとれる魚などをとって売り，米なんかは買えば生活できる。

「南極は研究のために住んでいるのだから，何もかも持って行っている」などという意見も出され，Aの考えとBの考えが対立し，論争が始まる。いろいろな考えが出てくる。

子どもたちは，気候グラフをもとに，「場所はどこか」と調べ始める。

「根室市」とわかったとき，「なんだ，流氷の来る町だ」「毛ガニが美味しい町だよ」など，子どもの反応が面白い。コンブもとれるし，流氷もくるから観光客も多い市だ。

12 世界一の豪雪地域はどこだろう？

要点 「世界一の豪雪地域はどこだろう？」なんて，考えたことがあるだろうか。オーストリア，スイスなどは，一年中スキーができる。エベレストなどは一年中雪をかぶったままである。カナダやロシアも雪が多い感じがする。しかし，驚くべきことに，世界一の豪雪地域は，人の住んでいる地域としては，日本の日本海側が世界で最も多く雪の降る所である。おもしろいことに，日本海をはさむ反対側のロシアのシベリアは，寒さはきびしいけれども，積雪量は1m以下である。日本の雪国を見直させるのに，よいネタである。

授業の流れ

❶ 世界一雪の多い国は，次のうちどこの国でしょう。……… 発問

「きょうは，おもしろいクイズをやります」などと言って，子どもを引きつけておいて，発問をする。

①**オーストリア**（一年中スキーができます）

②**スイス**（高い山が多く，一年中雪をかぶっている山がたくさんあります。景色のよい国です）

③**世界一の高山・エベレスト（8848m）のふもとネパール**

④**北極に近い土地もあるロシア，カナダ**

⑤**日本の日本海側の北陸地方**

子どもたちは，「しばらく時間をください」と言って，グループなどで調べはじめる。クイズ形式は，子どもの意欲を誘う。

アルプス山脈の中にある，オーストリア，スイスなどは確かに雪が多いところである。カナダやネパールも多い。

子どもたちは，なかなか結論を出せないでいる。とにかく，手を挙げさせる。

「日本」という子は，40人中1人か2人である。

❷ 子どもたちが待ち切れなくなったところで，「⑤の日本です」

と告げる。……… 提示

「ええ？」と，驚きは大きい。
だからこそ効果がある。

❸ **日本の北陸地方が，世界一雪が多いのはどうしてでしょう。**……… 発問

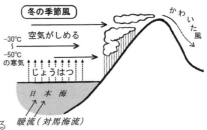

冬の季節風

かわいた風

空気がしめる

−30℃〜−50℃の寒気

じょうはつ

日 本 海

暖流（対馬海流）

日本海側に雪が多いわけ

・冬シベリアから吹いてくる風は乾燥しているが，日本海上を吹いてくるうちに水分を吸ってその風が山とぶつかって雪を降らせる。

などという答えが出れば，見事である。

❹ **冬の寒いときに，どうして蒸発するのですか。**……… 発展

　これはむずかしい。ここから，海水の水温と気温，海流と季節風の話へと発展させていくとよいだろう。

情報　雪の多い理由

　冬，日本海の沿岸を船でいくと，海面から湯がわいているように水蒸気がたちこめている。

　これは，冬でも 8〜10℃の水温をもつ対馬海流と，上空を吹く季節風（−30℃〜−40℃）との「温度差」が 40 度以上にもなるため，海水が水蒸気となっているからである。雪が日本海側に多い理由は「温度差」である。

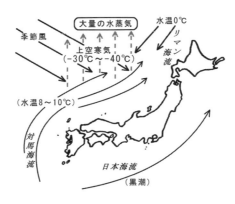

大量の水蒸気

水温0℃

リマン海流

季節風

上空寒気
（−30℃〜−40℃）

（水温8〜10℃）

対馬海流

日本海流

（黒潮）

13 「雪国」というのは,日本の 国土のどのくらいあるか?

要点 わたしたちは,雪の多い地域のことを,なんとなく「雪国」と いっている。これは文学用語で,川端康成が『雪国』を昭和 11年(1936)に発表してから,一般に広まった。この小説が広く読ま れ,なんども映画化されたことから,「雪国」ということばを一般の人が つかうようになった。比較的新しいことばである。

授業の流れ

❶ 雪国とは,どんな所だと思いますか。……… 発問

はじめに「雪国」についてどんなイメージをもっているか明らかにする。

- ・冬になると,毎日毎日,雪が降るような所。
- ・雪がいっぱい積もって,除雪車が動いている 所。
- ・雁木があったり,道路も人が通れないほど雪 が積もっているような所。
- ・スキーができる所。
- ・消雪パイプがあったり,雪かきをしていたり する所。
- ・漬けものをたくさん漬ける所。
- ・除雪に費用をたくさんかけている所。

❷ 雪国というのは,どの地域のことだと思いますか。……… 発問

- ・新潟県を中心とした所。
- ・北陸地方だ。
- ・北海道も入るかもしれない。
- ・東北地方の日本海側。
- ・中国地方の日本海側。

子どもたちは,一応上のようなことをあげるが,話し合っているうちに 「雪国とは,北陸地方のことだ」と考えていることがわかる。

雪国というのは文学用語で，法律用語では「積雪地域」ということと「積雪地域」の説明をする。

┌───┐
情報　積雪地域

　法律用語では，「積雪地域」という。建設省では，2月における積雪深の最大値の累年平均が 50cm の地域を，「積雪地域」と規定してる。この積雪地域の面積は 19 万 7489km² で，日本の国土の「53.3%」を占めている。
　つまり，日本の国土の半分は「雪国」なのである。
　だから，思ってもみない所が「雪国」と規定されているのである。
└───┘

❸ **積雪地域というのは，日本の何%くらいあるでしょうか。次の中からえらびなさい。**……… 発問・提示

① 5%　　② 10%　　③ 20%　　④ 30%　　⑤ 50%）

・雪が多いのは，一部分だから 5% くらいだと思う。
・10% くらいはあると思う。日本海側，ずーっとだもの。
・いくら多くても 20% までだ。30% 以上とは考えられない。まして，50% なんて――。

日本の半分が雪国だということはないと言う。

❹ **国土の半分は「積雪地域」と言えますか。**……… 発問

　「正解を言います。積雪地域の面積は 19 万 7489km² です。これを日本の国土の面積 37 万 km² で割ると，19 万 7489÷37 万×100＝53.3　となります。つまり，日本の国土の 53.3%，日本の半分は「雪国」であり，「積雪地域」ということです」。

・日本の半分が雪国とは――。
・そうすると，山の方は，ほとんど積雪地域ということになるのではないか。

　このような意見が出たらさらに，「豪雪地域」や「特別豪雪地域」も指定されていることを話す。

14 どうして雪おろしが必要か?

要点 雪国以外の子ども，いや，最近は雪国の子どももそうではないかと思われるが，「雪に重さがある」「雪は重いものだ」という認識がない。だから，「雪おろし」をする意味がわからない。まして，「雪の重みで家がつぶれることがある」なんてことは，とても理解できない。雪が降ったとき，雪だるまつくりをする。そのとき，重さを感じているはずだが，ふわふわと降ってくるので，重さを感じていないのである。そこで，雪だるまつくりをして重さを感じさせ，「雪は重い」ことに気づかせることがたいせつになってくる。こういう体験をさせたい。雪が降らなくても，「雪の重さ」の図で，重さを理解させることもできる。

授業の流れ

❶ 雪が積もった写真を見せながら，「ちらちらと降ってくる雪は，重いだろうか，軽いだろうか」と問う。……… 提示・発問

「軽い」という考えが多く出る。
- ふわふわと降ってくるから軽いよ。
- 降ってるときは軽くても，たまったら重いんじゃないの？

❷ 雪おろしをしている写真を提示して，「雪は軽いのに，どうして雪おろしをしなくてはいけないのでしょう」と問う。

……… 提示・発問

- 降り積もって，上から上からたまって，重くなるから。
- あまりたまると，融けるとき雨もりがするからではないか。

❸「雪の重さ」の図を見せる（次ページの右図）。……… 提示

子どもたちは，重いのに驚く。

続けて教室の床に，「1m² のワク」をつくり，その中に 30kg くらいの子ども 10 人を重なったりしながら入らせる。これが，1m³ の雪が積もっ

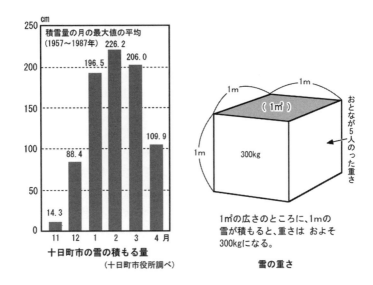

積雪量の月の最大値の平均
(1957〜1987年)

226.2
206.0
196.5
109.9
88.4
14.3

11　12　1　2　3　4月

十日町市の雪の積もる量
（十日町市役所調べ）

1m
1m
（1㎡）
1m
300kg

おとなが5人のった重さ

1㎡の広さのところに、1mの
雪が積もると、重さは およそ
300kgになる。

雪の重さ

たときの重さとわかり，さらに驚く。2m も積もれば，600kg にもなることから，「雪おろし」をしなければ，家がつぶれることもあり得ることがわかってくる。平成 24 年 1〜2 月のニュースでわかったはずである。

❹ 実際の積雪量をグラフで見せる。……… 提示

　「十日町市の雪の積もる量」のグラフを見せると，雪の深さに驚き，丈夫な家でも雪おろししなくてはならないだろうと考えるようになる。

15 雪国でいちばん困ることは何?

> **要点** 「雪国で困ることは?」と問いかけると，「交通が困る。よく列車が立往生したとか，道路が通行止めになったとか，ニュースで言っている」と言う。「屋根の雪おろしをしなくてはならないから困る」とも言う。「交通がストップしたら，食料も足りなくなるのではないか?」と心配する子どももいる。以前は，交通がいちばん困り，ごみを出せないことや，便所のくみとりができない，火事になると全焼ということが多かった。しかし，今いちばん困ることは，なんといっても「停電」である。暖房から，食料保存の冷蔵庫，明かり，テレビなど，すべて電気にたよった生活をしているからである。これは，雪の少ない東京でも同じである。つまり，雪国とそうでない所でも，困ることのちがいが少なくなってきているのである。

授業の流れ

❶ 雪国の写真や掛図を見せながら，「雪国で困ることは，どんなことでしょう」と問う。……… 提示・発問

> ・交通が止まってしまう。
> ・車が通れなくなる。
> ・列車が止まってしまう。
> ・屋根の雪おろしをしなければならない。
> ・食料が足りなくなる。

なかでも，車が止まったり，列車が止まったりすることが困るという。

❷ 近ごろは，交通がストップするなんてことは，ほとんどありません。……… ゆさぶり

子どもたちの意見に，ゆさぶりをかける。それでも，「雪が降って，いちばん困るのは，交通がストップすることだよ」と食い下がってくる。

情報　除雪作業

　　最近は，雪が降っても，早朝から除雪作業を行い，一般の人が通勤したり通学したりするのに支障をきたさないようになってきている。

　　しかし，主要道路では除雪が行われるが，小さな道では，自分たちで行わなければならないので，やはり相当な負担である。でも，最近は，除雪範囲が広がり，車で通勤できるようになっている。

　ここで，「消雪パイプのある道路」の写真や，「除雪をして雪のない道路」の写真を提示する。そして，「このように，雪をとかしたり，除雪をしたりするので，この範囲も広がっているので，交通がストップすることは，ほとんどありません」と話す。

　子どもたちは，驚く。それでも，「除雪しない道もあるんでしょ」と食い下がってくる。

❸「いちばん困ること」は何でしょう。……… 発問

　除雪はしても雪は残るし，除雪しない道もあるので，交通はやはり困る。しかし，これより困ること，つまり「いちばん困ること」があるのです。それは，どんなことだろうかと問いかける。

　子どもたちは，「交通より困ることがあるの？」と言いながら考える。

　いちばん困ることは積雪による「停電」であることを発見させる。

　これを自分たちの生活とくらべさせる。すると，今は，全国どこでも「停電」がいちばん困ることに気づく。あらゆるものが電気にたよっているからである。この電気が原子力発電所の問題で困ったことになっている。

　雪国もそうでないところも，困ることでは同じになっていることに気づく。

16 「池」と「湖」はどうちがうか？

要点 　池，湖，沼，沼沢，潟などは，みんな同じように見える。しかし，同じならば，ちがう名前がつくはずがない。やはり，基本的にはちがいがある。どんなちがいがあるかつかんでおきたい。底が浅くて，湖の中央部までヨシなどの沈水植物が生え，浮葉植物もあって，最深部で 5m，普通は 1〜3m のものを「沼」と呼んでいる。沼より浅く，いたるところに水草が生えており，最深部が 1m 以下のものを「沼沢池」という。北海道のサロマ湖，能取湖（のとろ），濤沸湖（とうふつ）を「海跡湖」という。こういう学習を一度はやっておきたい。

授業の流れ

❶ ○○池，○○湖といっても，同じように見えるが，ちがうだろうか。……… 発問

・ちがうはずです。
・池というのは，人間がつくったものじゃないか。「庭に池をつくった」というけど，「庭に湖をつくった」とはいわない。

❷ では，どんなものを「池」というのでしょう。……… 発問

┌─ 情報　　池 ─────────

○人工的につくったもの。
　かんがい，飲料，発電，工業用水などの水源として，人の力でつくったもの。
○一年のある時期に水がなくなるもの。
○自然にできたものでも「池」というものもある──鹿児島にある大浪池，上高地の大正池。今はもうないが，「巨椋池（おぐら）」（京都）というものもあった。
○人工的につくったものでも「湖」というものもある──相模湖，児島湖。
　＊最後の2つは，例外的なもの。

❸ どんなものを「湖」というのでしょう。……… 発問

情報　　湖

○土地の低いところや，大きなくぼみに自然に水がたまったもの（人工的に
　つくったものではなく，自然にできた水たまり）。
○中央部に沈水植物がはえていなく，最深部が 5m 以上あるもの。
○まわりを陸地にかこまれたくぼ地で，海に直接つながっていないもの。
○浜名湖は，海とつながり，塩水なのに，湖という。

情報　　塩水湖

　八郎潟や霞ヶ浦のように，「潟」や「浦」がつくものは，海の一部が湖と
なったところで，塩分が残っているものが多い。
　塩水湖としては，サロマ湖，中海，浜名湖などが有名である。
　世界最大の塩水湖は，カスピ海である。その面積は 37 万 km² で，日本の
国土と同じ広さである。
　※カスピ海が小さくなっている。流れ込む川の水を畑に使うためである。

情報　　沼

　いちばん深いところが 2m 以下で，中心部から植物が生えている。「沼」
よりさらに浅いものを「沼沢」といい，中心部にまでヨシ、ガマなどが生え
ている。沼も沼沢も自然にできたものが多い。

情報　　汽水湖

　海水と塩水がまじりあった塩分の少ない湖をいう。塩分は 1.7%以下で栄
養分が多いので，わかさぎ，しらうお，ぼら，うなぎなどがいる。静岡県の
浜名湖，北海道のサロマ湖，島根県の宍道湖などがある。

17 東京湾と鹿児島湾のちがいは？

要点 　東京湾と鹿児島湾は，形がよく似ていて，ちょっと見ただけでは見分けがつきにくい。どちらも外部との水の交換の少ない閉鎖性海域であり，面積もほぼ同じである。しかし，よく見るとまったく異なる様相を示している。もっとも大きな違いは，東京湾が川の下流に開けた湾であるのに対して，鹿児島湾は2つのカルデラからできた湾である。このため，前者が干潟や藻場が多い浅い湾であるのに対し，後者は海岸からすり鉢状に一気に深くなっている。漁業がまったく違ったものになっている。両者を比較することによって湾の特色や問題点が鮮明に見え，知的好奇心を刺激するはずである。

授業の流れ

❶ 資料①と②をプリントして，だまって配布する。……… 提示

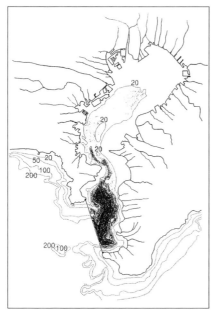

資料①

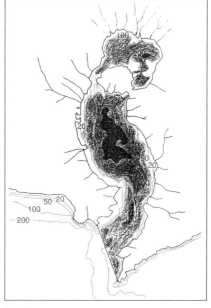

資料②

❷ **資料①，②の湾は，どこと，どこでしょう。**………発問

「調べていいですか？」と問う子どもが出てくる。地図帳でしっかり調べないとわからない。

※**湾の説明をする。**

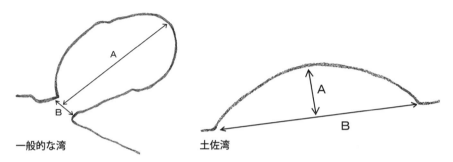

一般的な湾　　　　　　　　　　土佐湾

　　A＞B　　Aの長さ，つまり奥行きが，Bの間口より長いものを湾という。しかし，つぎのような例外もある。**土佐湾　　A＜B**

　　しばらく，グループなどで調べないとわからないはずである。

❸ **資料①，②は，どこの湾でしょう。**………発問

できれば証拠も挙げてほしい。

❹ **面積はどちらが大きいですか。**………発問

・同じくらい。
・②が少し広いかんじ。
・いや，①が少し広いよ。

❺ **面積は資料①が少し広いです。**………確認

資料① 1380km²　　資料② 1040km²

❻ **流れ込む川の数は，どちらが多そうですか。**………発問

・資料①が多い。

資料①　約60本　　資料②　35本
　　‖　　　　　　　　‖
一級河川が3本　　　一級河川なし

❼ 流れ込む水の量は，どちらが多いでしょう。……… 発問

> ・資料①が約60の川がある
> ・資料①が一級河川が3本ある
> ・資料①が水量が多いはず

★この考え方はすばらしいです。

資料①は約100億tの水　　　　資料②は約20億tの水

> ｜・資料①は5倍も多い

❽ 干潟の面積はどちらが多いですか。……… 発問

> ・資料①の方が浅い→干潟が広い
> ・資料②の方が深い→干潟が少ない

★数字を言いますよ。

資料①　1640ha　　　資料②　194ha

❾ とすると，養殖はどちらがしやすいですか。……… 発問

養殖面積は
　　資料①　1477ha → 24,344t ─のり（97%）
　　資料②　340ha → 32,687t ─ブリ，カンパチ（97.5%）
漁獲量は
　　資料①　30,543t ─アサリ，カタクチイワシ，スズキ，サバ
　　資料②　5,587t ─アジ，カタクチイワシ，タイ

❿ 自然海岸はどちらが多いですか。……… 発問

> ・資料②が多いようだ。
> ・資料①は角ばっているから人口海岸が多い。

★よく見ていますね。

自然海岸は
　　資料①　9%　─85.3%（人口海岸）
　　資料②　40.8%─37.5%（人口海岸）

⓫ もうわかったでしょう。どこと，どこの湾ですか。……… 確認

> ・資料①　東京湾
> ・資料②　鹿児島湾─桜島があるからわかる

⓬ 湾に入る船の数は。……… 発問

<table>
<tr><td></td><td></td><td>漁業協同組合</td></tr>
<tr><td>・東京湾</td><td>311,087 せき ─</td><td>24</td></tr>
<tr><td>・鹿児島湾</td><td>151,230 せき ─</td><td>15</td></tr>
<tr><td></td><td></td><td>（県全体だと 49）</td></tr>
</table>

⓭ どんな特色があると言えますか。まとめてみましょう。……… 発問・指示

東京湾 VS 鹿児島湾

項目 ＼ 湾	東京湾	鹿児島湾
面積	1,380km²	1,040km²
閉鎖度指標	1.78	6.26
波高頻度	0〜50cm： 76.2% 50〜100cm：21.7% 100cm 以上：2.1%	0〜50cm： 96.92% 50〜100cm：3.0% 100cm 以上：0.0%
流れ込む河川	約 60	35
一級河川	荒川，多摩川，鶴見川	なし
流れ込む淡水	約 100 億トン	約 20 億トン
藻場面積	1,477ha	340ha
干潟面積	1,640ha	194ha
海岸線の性状	自然海岸： 9.0% 半自然海岸：4.7% 人工海岸： 85.3% 河口部： 1.0%	自然海岸： 40.8% 半自然海岸：20.4% 人工海岸： 37.5% 河口部： 1.3%
COD	2.7mg/l	1.2mg/l
漁獲量	30,543 トン（5.5 倍）	5,587 トン
魚種	アサリ，カタクチイワシ，スズキ，サバ	アジ，カタクチイワシ，タイ
養殖収穫量	24,344 トン	32,687 トン
養殖種別	のり（97%）	ブリ，カンパチ（97.5%）
総隻数	311,087 隻	151,230 隻
漁協	24	15

※閉鎖度指標：数値の高いほど閉鎖性が高い。
※ COD：科学的酸素要求量。数値が高いほど水質が悪い。
（田中力氏作成の教材）

18 日本海側と太平洋側の気候の ちがいは?

要点　日本海側と太平洋側の気候のちがいはわかっているようでわかっていない。グラフ資料１枚で気候のちがいをどこまでつかめるか。グラフ資料①の折れ線グラフは「気温」で，高い方が東京で，低い方が新潟である。棒グラフは「降水量」で凸型は東京で，凹型は新潟，つまり日本海側である。グラフの下の「雪」とあるのは「雪の降った日数」で，左上の数字が新潟で，右下の数字が東京である。まん中の欄は「快晴日数」で，欄の左上の数字が新潟で，左下の数字が東京である。

授業の流れ

❶ 資料①を提示して，「題を読んでみましょう」。………　提示・指示

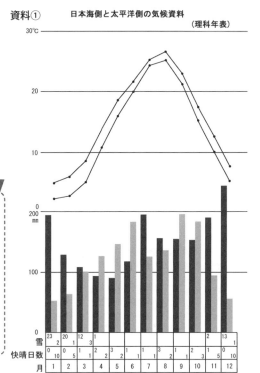

資料①　日本海側と太平洋側の気候資料
（理科年表）

情報　快晴日数

　日本海側と太平洋側の気候の大きなちがいの１つは「冬の快晴日数」のちがいである。日本海側は，冬の快晴は 0，太平洋側は 1 年中で一番天気がよい時期ということになる。

雪	23 2	20 1	12 3	1 3							2 0	13 1
快晴日数	0 10	0 5	1 5	2 3	3 5	1 1	1 1	1 3	1 2	2 5	1 5	0 10
月	1	2	3	4	5	6	7	8	9	10	11	12

❷ グラフのどちら側が日本海側で，どちらが太平洋側の気候でしょう。……… 発問

- 気温の高い方が太平洋側でしょう。
- 降水量は，∩型になってるのが太平洋側で，U型になってるのが日本海側だと思う。
- うちの田舎は新潟で，すごく雪が降ります。だから冬の降水量の多い方が日本海側だと思う。

こういう発言，考え方がとてもいい。経験と結びつけて考えている。

❸ 雪の多い方の数字が日本海側,少ない方が太平洋側ですね。……… 確認

- 1月だったら23というのが日本海側で，2というのが太平洋側です。

❹ 快晴日数は，どうですか。……… 発問

- 1月の0というのが日本海側でしょう。雪がいっぱい降るから。
- 1月の10というのは太平洋側で，ものすごく天気の日が多いです。
- 冬は「北西の季節風」が吹くから，日本海側は天気が悪いですよ。
- 太平洋側は，冬の方が天気がいい。

❺ どうして日本海側と太平洋側は，気候が違うのでしょう。……… 発問

- たぶん季節風の関係だと思う。
- 冬の季節風は北西でしょ。日本海側はこれで天気が悪くなります。
- 夏は逆ですよ。
- 山地・山脈の関係も大きいと思う。

❻ 夏の季節風は南東から，冬の季節風は北西から吹くから気候がちがうのですか。……… 発問

- 日本のまん中に，背骨があるから—
- まん中に高い山があるということ。
- 山地山脈があって，これに風がぶつかって，気候が変わる。

❼ 北西の季節風と雪とはどんな関係があるのでしょうか。………　発問

- 北西の季節風が山脈に，山地かな，にぶつかって雪が降る。
- 北西の季節風は日本海の上を吹いてくるでしょ。そのときしめるから，雪になって。
- 水蒸気が，蒸発して雲や雪になって，山地・山脈にぶつかって雪になる。
- 山地・山脈をのりこえるから，からっ風になる。
- 対馬海流というのは暖流でしょ。北西の風はつめたい。ー40℃くらい。対馬海流は8〜10℃くらい。温度差は50℃くらいになるから蒸発がはげしい。
- 日本海側は大雪で，山地・山脈をこえた太平洋側はからっ風で，晴れた日になる。

❽ 気候のちがいは，くらしにどんな影響を与えているでしょうか。………　発問

- 日本の半分は雪国でしたよね。
- 新潟なんか2階から出入りする。
- 雪が多いから，家のつくりがちがう。
- 屋根の角度もちがう。
- 交通の便は，太平洋側がいい。
- がん木があるのは雪国で，これがあるから歩ける。
- でも雪が降ると，やはり便利が悪い。

❾ 人の性格などにも影響するでしょうか。………　発問

- 雪国の人は，無口で静かな感じの人が多い。
- 雪国の人は，みんなスキーとかたのしめるけど太平洋側の人は海であそぶ？
- 雪国の人は力仕事に慣れているから力が強い？

❿ 雪国の人は力もちが多いのでしょうか。………　発問

- 雪おろしするため力がいるから。
- 雪を利用した工場もある。
- 雪をハッポウスチロールに入れて，雪の降らない所に売っている。
- 雪をとり除いたり，力がいります。

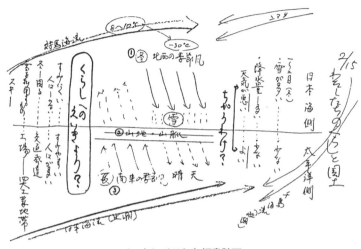

ノートにメモした板書計画

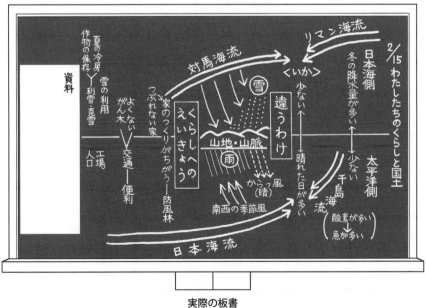

実際の板書

19 東京 23 区に「専業農家」が あるか?

要点 作物を作っているのを電車から見かけるので,専業農家は何軒かあるのではないか,という見方を子どもたちはしている。もちろん「ありえない」という子どももいる。私の住んでいる世田谷区は,結構畑が多く,野菜の直売を常にしているところもある。このことから,かなりあることは想像がつく。昭和 50 年 2 月 1 日現在では 772 軒あった。それが平成 25 年 2 月現在でも 650 軒ある。東京 23 区も結構がんばっていることをつかませたい。

授業の流れ

❶ 東京 23 区に「専業農家」があるでしょうか。……… 発問

・電車の窓から畑をよく見るからあると思う。
・そんなに多くはないが,10 軒くらいはある。
・あるはずがない。兼業ならあるだろうけど。
・家が多く,その間にちょっと畑があるくらいだから,専業は 5 軒くらいだろう。

❷ 資料を出すのでよく見てください。……… 提示

資料①
東京都 23 区内の農家数 （50.2.1 現在）
全農家数……………5,520 戸
専業農家数…………772
兼業農家数…………4,748
（第 1 種兼業 1,139 第 2 種兼業 3,609）
東京都庁調べ

・わあっ! あるある。
・全農家数 5,520 戸とはすごいね。
・専業農家が 772 戸あるぞ。
・やはり兼業が多いなあ。
・ちょっと待って,これ昭和 50 年の統計じゃないの?

・50 というのは昭和ですか？（そうです）

・何だ大昔のものじゃないか。

・今はないよ。

❸ 資料を見るときは，どんな順序で見るのでしたか。……… 確認

・①題　②年度　③出典　④たて軸・よこ軸
　⑤中の変化　⑥変化の大きいところの理由

「ちゃんと覚えているじゃないか。どうして年度を見るのを忘れたの？」
とあらためて問うことで，気付きを与える。

・表だから……つい忘れた。

・グラフだったら気をつけるのに。

❹ では，資料②を出しますよ。……… 提示

資料②

東京都 23 区内の農家数　（25.2.1　現在）

全農家数…………………1,582 戸

専業農家数………………650

兼業農家数………………932

（第 1 種兼業 88　第 2 種兼業 844）

農林水産省調べ

・専業農家があった。650 戸だ。

・昭和 50 年からそんなに減ってないね。

・650 戸とは，巨大な発見だよ。

・どんな農業やってるのだろう。

・先祖代々の土地をなくさないようにやってる
　んだろう。

・一体何を作って生活をなりたたせているのだ
　ろう。

　子どもたちは，既有の知識・経験をもってしても，この意外な事実を解
釈することができない。だから，これを解明すべく動き出そうとする。

　「近郊農業を見学したい」と要求する子どもたちが出てくれば，しめた
ものである。

❺ 農家を見学する。⋯⋯ 活動

実際に，東京・保谷市（現・西東京市）の農家に見学に出かけた。

情報　保谷市の農家

　1ha の土地に見える範囲内だけでも

　キュウリ，ナス，トマト，マメ，イチゴ，レタス，キャベツ，ハクサイ，ネギ，コカブ，サツマイモ

などをびっしり植えており，子どもたちはその多品種に驚いてしまう。

　次に驚いたのは，「市場に出したことがない」ということだった。

　「周りの人たちが毎日買いに来てくれるので，売りにいく必要がない」とおじさんは言った。

　農家は売りに行く手間は省けるし，近所の人は新鮮な野菜を市場よりいくらか安く買えるので，両者ともよいということであった。

　なお，野菜だけだとおよそ 27 日分くらいの自給率が，23 区にはあるのではないか，という話であった。この点でも，子どもたちは驚いた。

情報　近郊農業

　東京や大阪など，大都市が発達しているので，周辺の農村地帯では，都市むけの野菜や草花が盛んに作られている。

　このような農業を近郊農業という。

　狭い耕地からできるだけ多くの収益をあげようとするため，多くの労力と肥料堆肥などをつぎこむので，きわめて集約的な経営になり，二毛作や三毛作ばかりではなく，なかには 7～8 毛作もの多毛作をやっている。

情報 遠郊農業

　近郊農業に対して，遠郊農業という言葉もある。
　近郊農業が大都市の近くで多毛作で，いたみやすい野菜や花などを栽培しているのに対して，遠郊農業は，大都市から遠く離れた土地で，特色のある作物をつくり，大都市へ大量に送り込んでいる。
　近郊農業が「多品種少量生産」であるのに対し，遠郊農業は「少品種大量生産」で，両者で大都市の需要をおぎなっている。
　高原野菜などは遠郊農業の作物である。

情報 自給率のからくり

　日本の食料自給率は，一般的に使われているカロリーベースの計算では39%である。
　レタスはほぼ100%国産であるが，自給率には反映されていない。なぜか？　カロリーがないからである。カロリーの少ない野菜は自給率に反映されていない。野菜の自給率は81%もあるのに。
　鶏卵，鶏肉，豚肉，牛肉のすべてが国産でも，自給率は100%にならない。現在鶏卵は10%である。
　理由は，家畜のエサである飼料が輸入されているからである。

20 寒い地方で米がよくとれるのは なぜか?

要点 次ページの「米のとれ高」を見てもわかるように、米は、北海道・東北・北陸という、日本では寒い地方に多くとれている。この地方は、作付面積が広いというだけでなく、10a 当たりのとれ高も多い。以上のようなことを、分布図で見つけても、なんの不思議も感じない。これが当然のことだと思っている。これに対して、イネはもともと南方から伝わった暖かい所の作物であり、寒い所にはできなかった。それが、いつの間にか、北の方の寒い地方が、米の主な生産地になっている。「これはどうしてだろうか?」という問題をもたせ、日本人の長年の研究と努力によるものであることに気づかせる。常識的な見方をこわし、ユニークな見方ができるようにする。

授業の流れ

❶ この地図を見て、気づいたことをノートに書きなさい。時間は 5 分です。……… 発問・指示

米のとれ高の分布図(次ページ)を印刷して全員に配布する。

とれ高別にランクをつけて、着色作業をさせる。「50 万 t 以上—赤」「30〜50 万 t —青」「30 万 t 未満—茶」と県別に色分けを指示する。

できるだけ多くのことを見つけさせ、ノートさせる。

ノートができたら、発表する。
・北海道など、北の方にとれ高が多い。
・東北地方が多い。
・東北地方は「日本の米倉」といわれている。
・気候でいうと、寒い地方が多いといえる。
・北陸地方も多いようだ。

❷ イネは東北地方など暖かい所でつくられますね。……… ゆさぶり

「イネは、どこから伝わったか知ってますか。東南アジア→中国→朝鮮→日本と伝わったようです。イネはもともと暖かい所の作物です」

米のとれ高（都道府県別）単位　万t（玄米）
2007年　　　朝日ジュニア百科年鑑 2008

60.3

東北

29.9
55.0　31.0
42.0　40.8

中部
65.1　44.5
21.2
13.7　9.0　35.9
14.1　22.4　17.7　39.7
12.0　3.0　32.8

中国　8.2　16.0　9.3　関東
17.4　7.6
13.9　6.7
11.6　6.2　15.2
19.4　12.6　5.7　近畿
14.2　8.9　四国
6.9　21.0　7.9
11.6　0.3

九州

　「北海道や東北地方，北陸地方は，暖かい所ですよね？　とゆさぶると，「どうしてだろう？」と考えるようになる。

　そして，「日本でも寒い地方に米がよくとれるのはなぜか？」という問題をもって調べる。米つくりの歴史を調べる子どもも出てくる。

情報 米つくりの歴史

○江戸時代：各地に適した品種がつくり出された。
○明治時代：北海道で屯田兵がつくりはじめ，世界最北端の稲作が成立。
○寒さに強いイネや，病虫害に強いイネ，とれ高の多いイネなどの品種改良がなされてきた。最近は，量より質で，おいしい品種づくりに力を入れている。技術の改善もなされてきた。
○北海道や東北などは，寒さに強い品種がつくられたこと，米の単作地帯で，他に裏作などができない，などのため，米つくりに力を集中している。

21 高原で野菜つくりがさかんなのはなぜか？

要点 真夏の暑いころ，キャベツやレタス，白菜などがさかんにとれ，日本の各地へ送り出しているのが，「高原野菜」といわれるものである。低地では，こういう野菜がとれないときにできるので，高い値段で売れる。このためさかんになってきた。高原は「霧が多いため，太陽光線をさえぎり，日でりの害を防ぐ。このため，野菜の葉がやわらかく，おいしいものができる」。濃い霧は，ほどよい水分の供給源ともなっている。さらに，気温が低いため，病虫害が少ない。このため農薬散布量が少なくてすむので，安心して食べられる。また，広い土地があるので，大型機械を使って大規模にできることも理由としてあげられる。子どもの見方を広げることができるネタである。

授業の流れ

❶ これはどこでとれたキャベツでしょう。……… 提示・発問

高原野菜のキャベツかレタスを1個教室にもちこんで見せながら，「これは，どこでとれたキャベツ（レタス）でしょう？」と問いかける。

そして，嬬恋村や野辺山高原でとれた「高原野菜」といわれるものであることを明らかにする。やわらかくて，色もほどよく，味もよいことにふれていく。

嬬恋村や野辺山の位置を調べさせ，高度が高いことをおさえる。嬬恋村の場合，浅間山の北斜面を利用して，キャベツつくりをしている。

❷ 高原で野菜つくりがさかんになった理由は何でしょう。……… 発問

低地の方がつくりやすいのに，高原といわれるところで野菜つくりがさかんになった理由をたずね，調べさせる。

参考資料はいろいろあるので，あまり苦労しないで理由がわかってくる。そして，驚く。

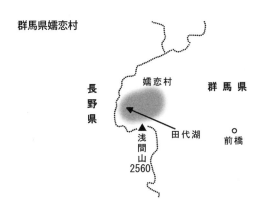

群馬県嬬恋村

長野県　嬬恋村　群馬県

田代湖　前橋

浅間山
2560

高原野菜つくり

○平地では野菜が足りなくなる 7〜10 月にかけて出荷できるので，市場で
　喜ばれる。時期が平地とズレている。
○このため，「高原野菜」といって喜ばれ，高い値段で売れる。
○高原は，霧がよく出る。これが太陽の光をさえぎり，日でりの害を防ぎ，
　野菜の細胞膜の一つひとつがうすくなる。このため野菜がやわらかくなる。
○濃い霧は，水分の大事な供給源になっている。
○気温が低いため，病虫害が少ない。このため，農薬使用量が少ないので，
　安心して食べられる。
○キャベツやレタスは，22℃を超えると，「ひびわれ」ができる。これを自
　然条件で防ぐことができる（気温が低いから）。
○広い土地があるため，大型機械を使って，大規模にできる。生産量も多く
　なる。
○消費者の食生活が洋風化し，キャベツやレタスを一年中食べるようになっ
　た。しかも，やわらかい野菜を好むようになった（最近，また変わってき
　ているようだが）。

いろんな理由が考えられ，子どもの見方を鍛えることができる。

22 「山にのぼるキャベツ」とは、どんなもの？

要点 嬬恋村は、キャベツづくりで有名である。この嬬恋村には、平地はないといってよい。キャベツは、すべて 800〜1400m の山の斜面でつくられている。どうして、こんなに高い土地でキャベツづくりがさかんになったのだろうか。それは、キャベツは、暑い気候を嫌い、22℃を超えると成長しないからである（最近は品種改良が進み、どこでもできるようになっている）。高度が高くなると、春はおそい。春は、高度の低い所から徐々にやってくる。それで、雪のとけた低い所からキャベツをつくりはじめ、しだいに高度をあげていく。これが、「山に登るキャベツ」という理由である。

授業の流れ

❶ キャベツを 1 個持って教室へ行く（1 月または 2 月頃実施する）。……… 準備

「このキャベツは、群馬県の嬬恋村でとれたばかりの『山に登るキャベツ』です。おいしそうな色をしているでしょう」と言う。

これに対して、「今頃、嬬恋村ではキャベツはできないのではないか」というような発言があればすばらしい。

しかし、まずは無理である。なぜなら、嬬恋村がどんな所にあり、いつ頃キャベツをつくっているか、わかっていないからである。

そこで、資料①「キャベツの出荷時期」を配布し、次のように指示する。

❷ 嬬恋村のキャベツの出荷時期は、いつ頃か調べて、帯グラフを書き込みなさい。……… 指示

こどもたちは、なんとか調べて書き込もうと意気込む。

「平地でとれない 6 月から 10 月にかけてつくっているのではないか」

と考えるようにしたい。

　調べると，7〜10月にかけて出荷していることがわかり，グラフに書き込む。同時に，「よそでできない時期につくれるのはどうしてか？」という疑問が出てくるように導く（この疑問が出ないときは，教師の方が問いかけてもよい）。

❸ **よそでできない時期に嬬恋村でキャベツができるのはどうしてか。**……… 発問

　「千葉市や三浦市などがとれない時期に，どうして嬬恋村ではキャベツができるのだろうか」と問いかけて，資料②「時期をずらしたつくり方」を提示する。

情報 嬬恋村のキャベツ

　7〜11月のはじめにかけて出荷される。ちょうどこの時期は，平地は暑く，キャベツが生産できない。いわゆるキャベツの端境期をうめることになり，休息に伸びた。

　高原のキャベツは，低い太陽の光と，これをさえぎる霧が多いこと，昼と夜の気温差が大きいこと，などのため，つやがよく，やわらかくておいしいと喜ばれている。

---

❹ **どうしてかなと，気づいたことをあげなさい。**……… 提示・指示

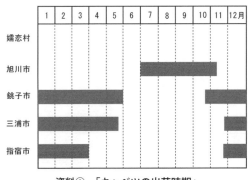

資料①　「キャベツの出荷時期」

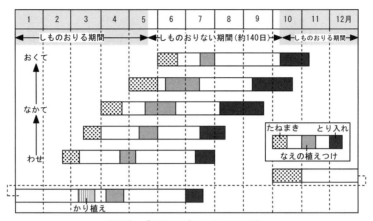

資料② 「時期をずらしたつくり方」

「とり入れ」のところを全部加えたものが，出荷時期（7〜10月）となっていることに，まず気づかせる。

・5回に分けてたねまきをしているのはなぜか。
・種類を，わせ→なかて→おくて，とかえているのはなぜか。
・霜がおりているときでも，キャベツはできるのか。
・棒の長さがちがう。
・たねまき，苗の植えつけ，とり入れの時期が，わせ，なかて，おくてによってちがうようだ。

❺ どうして，5回に分けて植えて，しかも，ずらしているのでしょう？……… 発問

・人手が足りないので少しずつ植えていたら，おそいところができたのではないか。
・野菜の少ない時期に出荷するので，一度に出したらもったいないからずらして出荷するようにしたのではないか。
・1回は安くて損をしても，次ので取りかえせばよいので，わざと分けてつくっている。
・気候の変化による被害を少なくするため。
・長い期間にわたって収穫することができるから。
・農家の人は，長い期間，現金収入があるようにするため。

※しかし，**高度差**も関係していることには，なかなか気づかない。

❻ ずらしたくなくても，ずらさなければならないのはなぜでしょう。……… 発問

「今，君たちがあげたようなこともある。しかし，農家の人は，ずらしたくなくても，ずらさなくてはならないのです。それはどうしてでしょう」と問いかけてから，資料③「高さをいかしたキャベツづくり」を提示する。

図のよみとりから，「山にのぼるキャベツ」の意味がわかってくる。

> ・4月中ごろは，800〜1000mの所で苗を植えている。
> ・6月，7月としだいに上へ上へとつくっていく。
> ・「山にのぼるキャベツ」とは，このことだ。
> ・1400mの所までのぼるのだ。

❼ 春は山のふもとからやってきます。……… まとめ

農家の人は，雪のとけた所から（つまり下の方から）キャベツをつくりはじめ，春の進行とともに，上へ上へとキャベツを植えつけていく。
これが，労働の配分にも，仕事の手順にも，収穫時期についても，うまく合っているのだと理解させる。

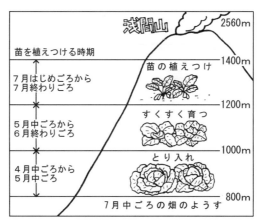

資料③　高さをいかしたキャベツづくり

23 嬬恋村ではどのようにして，「連作障害」を少なくしているか？

要点 野菜やくだものの特産地には，それぞれ悩みがある。なかでも，同じ種類の野菜を継続してつくっている所は，問題も多く，悩みも大きい。いちばん大きな問題は，なんといっても「連作障害」である。連作障害は，根が発達しなかったり，茎や葉っぱが成長しない症状として，野菜にあらわれる病気である。この病気をどうするかが問題である。嬬恋村の農家は，制菌剤，殺菌剤の発明や抵抗性品種の開発や農薬の進歩によって連作障害をのりこえようとしているが，基本的には，輪作によるか，休耕するしかない。

授業の流れ

❶ これはどうしたのでしょう。……… 提示・発問

　委縮したイモかキャベツなどを提示し，「これはどうしたのでしょう」と問う。
・病気の野菜だ。
・できそこなった野菜だ。
・どうしてこんなものができるのか。

❷ 野菜の連作障害とは，どんなことか，わかりますか。……… 発問

　発問の後に説明を加え，連作障害とはどんなことか，つかませる。

❸ 嬬恋村のキャベツ農家は，どうやって連作障害を防いでいるでしょう。……… 発問

　問いかけてから，調べさせる。
・化学肥料ばかりだとダメなので，堆肥をたくさんやるとか，きいたことがある。
・畑が広い場合，毎年つくらないで，ときどき休ませる。
・農薬をたくさん使う。

などの考えが出てくる。

これをもとにして，資料などを使っていろいろな角度から考えさせ，「連作障害の防ぎ方」を明らかにする。

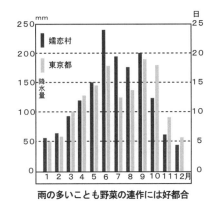

雨の多いことも野菜の連作には好都合

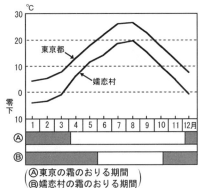

Ⓐ東京の霜のおりる期間
Ⓑ嬬恋村の霜のおりる期間

冬の低い気温が病原菌を殺す

情報 連作障害の防ぎ方

○年間365日のうち，85〜90日しか畑を使わない。1年の4分の1くらいしか使わず，4分の3は休ませている。
○冬になると地下20cmまで凍る。このため，秋のうちに40cmくらいたがやし，地下40cmくらいまで凍るようにしている。
○気温が低いため，土壌の分解速度がおそい。
○冬になると雪が多く，根雪になり，病原菌や虫を殺す。

24 ハウスいちごの花粉つけは誰がするの?

要点 本来のいちごの旬がわからなくなっている。なにしろ，クリスマスや正月にいちごを食べるようになっているのだから――。露地ものはすっかり見なくなり，いまやほとんどがハウスやトンネルで栽培されるようになっている。ハウスでいちごをつくった場合，花粉をつけてやらねばならない。トマト，なす，きゅうりなどは，ホルモン処置をしているが，いちごはどうだろうか。大量のみつばちに花粉つけの仕事をさせていること，ハウスの温室になれてしまったみつばちは，外気の気温に耐えられず，全部死んでしまうことなどから，冬のいちごを食べるとき，みつばちのことが見えるような目を育てたい。

授業の流れ

❶ いちごはどこで栽培されているでしょう。……… 提示・発問

本物のいちごの実をいくつか見せながら，「この大きな，おいしそうないちごは，どこでとれたものでしょう」と問うと，子どもたちは「畑」「ビニルハウス」などと答える。

畑でも，ビニルがかけられて，トンネル栽培をしたり，ハウス栽培をしていることに気づかせる。これは，全部といってよいくらいである。

❷ ハウス内での花粉つけはどうするのでしょう。……… 発問

「みんなも知っているように，植物はおしべの花粉がめしべにつかなければ実をつけません。苺は，どうして花粉をつけているでしょう」と問うと，

・自然につくのではないか。
・風を入れたら，つくのではないか。
・人間がつける？
・虫にやってもらう。

などの考えが出てくる。つづけて，他の野菜についても問う。

❸ **では，トマトやなす，きゅうり などの野菜はどうしているでし ょう。**………発問

　同じように考えさせた後，「ホルモン 処置」をしていることを説明する。スプ レーになっていて，それをめしべの花に 吹きかけるのだ。

　いちごも「ホルモン処置」をしている のではないか，と当然子どもたちは考え る。

❹ **「ハウスいちごの花粉つけは， みつばちにしてもらっていま す」と告げる。**………情報

栃木県農業試験場いちご研究所提供

　「ええ？」「本当？」「みつばち，どこからつれてくるの？」などと反応 する。そこで，みつばちによるハウスいちごの花粉つけについて詳しく紹 介する。

┌─ 情報 **ハウスいちごの花粉つけをするみつばち**

○ビニルハウスの中に，300坪当たり，約100匹のみつばちを入れる（専 門の業者がいて，みつばちを売りにくる）。みつばちはオランダ・ベルギ ーなどから輸入。

○みつばちは，暖かいハウス内をせっせと飛びまわって，花粉をつけてまわ る。この間に，みつばちは室温になれてしまう。

○いちごの花の時期が終わると，みつばちは外に出される。すると，外の寒 い気温に耐えられず，全部死んでしまう。

○300坪当たり約2万個の実をつけるので，約200個のいちごの実に対し て1匹のみつばちの生命が犠牲になっていることになる。

○いちごは，100g中には80ミリグラムのビタミンCを含み，パイナップ ル（60ミリグラム）レモン（50ミリグラム）よりも多い。

○なお，ハウスみかんは，「単為結果」のため，みつばちはいらない。

25 「いちごが富士登山する」って本当?

要点 「いちごが富士登山する」と言っても，だれも信じない。もちろん，いちごが自分で登るのではなく，人間が運んでいくのである。気温差でいちごをだまし，早く花芽をつけさせるためである。きゅうりやトマトは，ビニルハウスで気温を調節するだけで，だますことができるが，いちごはだましにくいようである。それにしても，いちごに，「富士山へあそびにいきましょう」といってつれていき，うまくだまして「寒さ」を感じさせるところがおもしろい。促成栽培や抑制栽培は，気温や日照時間，水量などで，だまされた結果ともいえる。

授業の流れ

❶ いちごの旬はいつでしょうか。……… 提示・発問

いちごの実をいくつか見せながら，「いちごの本当の旬，つまり露地で自然に実る時期はいつ頃でしょう」と問う。

地域によって差があるのは当然だが，およそ5〜6月が旬であることをわからせる。

ところが，今は，5〜6月頃にはいちごはない。あったとしても，安くて商品にならない。

今は早づくりをして，12月には出荷できるようになっている。

❷ いちごの早づくりはどのようにするのでしょう。

……… 発問

「この図は，いちごを早くつくるための方法です。どんなことしているか考えなさい」と言って，図を見せながら問いかける。

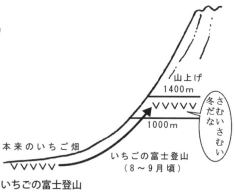

本来のいちご畑

いちごの富士登山

いちごの富士登山
（8〜9月頃）

山上げ
1400m

1000m

さむいさむい
冬だな

・いちごが富士登山ってなんのこと？
・「さむい，さむい，冬だな」と言っているのは，いちごですか？
・どうして1400mより上には行かないの？

★子どもたちからさまざまな声が出たところで，「いちごの山上げ」の話をする。

┌─ 情報 いちごの山上げ

有名な「久能山の石垣いちご」は，その苗を8〜9月の暑い頃，富士山の2合目（1400m）や，富士山のふもとの高原地帯に「山上げ」し，ここで秋〜冬を感じさせる。夏でも涼しく，しかも，夜気温の下がる標高1000〜1400mの所で，2か月ばかりすごさせる。
　2か月後，平地におろす頃，春がきたと思って花芽をつける。

❸ 富士登山したいちごは，いつ頃出荷できるでしょう。……… 発問

月	いちごづくりのしごと
1月	
2月	いちごのつみとり。
3月	
4月	おやかぶを，うえる。
5月	つみとりおわり。なえをやく。たい肥を入れる。
6月	ハウスのビニルをはがす。
7月	雨にあてて昨年の肥料などを流す。
8月	子かぶを分ける。たい肥を入れる。山あけ－富士山2合目へ。
9月	山さげ－山から平地へ。ハウスへ，なえをうえつける。
10月	ハウスにビニルをかける。
11月	電燈をつける。みつばちをハウスの中に入れる。
12月	いちごのつみとり。－クリスマス用－

いちごづくりのしごと

と言いながら，左の表を提示する。

・12月には出荷できる。5月のはじめまでつづく。
・みつばちをハウスの中に入れている（前項参照）。
・5か月も早く出荷できる。

　表から読みとれることを口々に言いはじめる。

91

26 青森県がりんごの生産日本一になったわけは？

要点 りんごの生産は，青森県が圧倒的に多い。青森県と同じような気候で生産をあげている県はいくつもある。つまり，りんごは寒い所が適しているようである。ここで，「青森県が日本一のりんごの生産県になったのは，気候のためだけではないのではないか」という見方が必要になってくる。本格的にりんごの栽培がはじまったのは，1872（明治5）年で，アメリカから75品種が入ってきてからである。明治政府は，苗木を全国に配布した。どこがりんごの生育に適しているかわからなかったからである。その結果，気候的に適した青森，北海道，長野などに定着し，やがて，青森県が大きく生産をのばした。そこには，何か秘密があるはずである。これを追究させることによって，大きな生産をあげるようになった陰には，それなりのわけがあることを考えさせることができる。

授業の流れ

❶ りんごのとれる量を書きこんで，その県に色を塗りなさい。
········ 指示

白地図とプリントを配布する。そして「白地図にりんごのとれたトン数を書きこんで，きれいに色を塗りなさい。色を塗ったら，気づいたことをノートに書きなさい」と指示する。

着色作業をしているうちに，りんごの生産県が米と同じように，北にかたよっていることに気づいてくる。

「りんごの生産は，北の方にかたよっているが，北の方の県が全部多いわけではない。青森県がずば抜けて多い」ことをよみとらせる。

青森 45.7万t
長野 16万t
岩手 6万t
山形 5.4万t
秋田 3.8万t

りんごの生産の多い県（農林水産省 2009年）

❷ りんごの苗木は，最初にどこに配られたでしょう。………発問

「1872（明治5）年，アメリカから75品種のりんごの苗木をとりよせた明治政府は，これをどこへ配ったでしょう」と問いかけると，「気候の適した，北の方の各県に配ったと思う」と言う。

つまり，米，りんごの生産をあげている県へ配っただろうと言う。

❸ 苗木は全国に配られたのです。………説明

「まったくちがいます。明治政府は，全国に苗木を配ったのです。どうしてでしょうか」と言うと，「南の方に適した苗と，北の方に適した苗を配ったのだろう」と考える。

「実は，つくってみないと，どこがりんごに適しているか，わからなかったからです」と言うと，「そんなもの，どうしてとり入れたのかな？」という。

そこで，つくってみたところ，長野や青森，北海道が適しているとわかったのだということを説明する。

❹ 青森が日本一のりんご県になったわけは何でしょう。………発問

子どもたちは，「ではどうして青森県が日本一になったか？」と調べ始める

┌─ 情報 日本一のりんご県青森 ──────────────

　○冷害につよく，米より収入のよいこと（当時，米はよく冷害にやられていたため）が魅力的であった。
　○遠くへの輸送に耐えられる果物であった（遠くの大都市へ送れる）。
　○熱心に研究した人や普及に努めた人がおり，りんごを熱心につくった農民がいた。

└──────────────────────────────

27 みかんとりんごのとれる県は ちがう？

要点 りんごは北の方によくとれることがわかったが，りんごより生産量の多いみかんはどこでとれるのか。両者を比べることによって，それぞれの特色がつかめてくる。みかんの生産は，年平均気温が14℃以上と言われ，りんごは14℃以下のところといわれる。地図に表わすと，線引きができる。とれる時期はほぼ同じ秋である。両者の市場で競合する。

授業の流れ

情報 みかん狩

　みかんの学習はみかん狩りを，りんごの学習はりんご狩りをすることから始める方法がある。例えば，みかん狩りして遊ばせることによって，みかん，りんご園の特色に気づく。みかんは，「海が見える」とか，「坂になって日あたりがよい」とか，「防風林がある」などと気づく。しかし，これはむずかしいことが多い。ここでは資料から入る例を紹介する。

❶ これは，何と何のとれ高を表していますか。……… 提示・発問

　資料①（96ページ）を提示して，「これは，何と何のとれる事を表わしていますか」と問う。
・みかんとりんごです。
・みかんは南の方にとれます。
・りんごは北の方にとれます。
・はっきり分かれているようです。

❷ よく気づきましたね。みかんとリンゴの堺のところに線を入れなさい。……… 指示

❸ この線は，ある温度を表わしています。何度くらいでしょう。……… 発問
　これはむずかしいよね。14℃です。

❹ りんごが北の方によくとれ，みかんが南の方によくとれると
いう証拠になるものはないでしょうか。……… 発問

> ・みかんの箱を集めると県とか書いてありま
> す。
> ・りんごの箱にも書いてありますよ。
> ・これ集めたらおもしろそう。

❺ 県名の書いてあるところを切りぬいて集めるといいね。……… 情報

しばらく集めると，どこでとれているかよくわかる。

おもしろがって集め，地図に記入する。

❻ みかんは，どんな所によくできるのでしょう。……… 発問

> ・暖かい所
> ・山の斜面──日あたりがよい
> ・水はけのよいところ
> ・防風林があるから風のよわいところ
> ・海があったから，海の近く

ここで，次の資料を提示する。

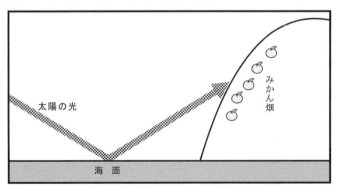

情報 反射光の利用

水面の反射光を利用して気温をあげている。

反射光は，ちょうど山の 100〜150m あたりのみかん園に届く。だから，
この高さのみかんが一番おいしい。自然に反射しているのである。

❼ **みかんの実と葉のついた枝を教室にもちこむ。**……… 提示

　子どもたちは一様に驚く。

❽ **「実はいくつついているかな」と言ってみんなでとる。**……… 活動

　次に，葉は何枚あるかとってみよう。

　　　　　　　　　　| ・「いやーたいへんだ」と言いながら葉をとり数える。

　葉の数÷実の数＝28

❾ **この 28 というのは，どんなことを表わしているでしょう。**……… 発問

　　　　　　　　　　| ・1個の実をつくるのに必要な葉の数

　　　資料① 　りんごとみかんのおもな産地（2008 年）
　　　（単位千 t）国勢図会　2010 年 11 月

この木は1個の実をつくるのに28枚の葉が必要だったということになる。元気のいい木だと22〜23枚で1個の実がつくれるし，古くなった木は40枚くらい必要。

りんごは何枚くらい必要か。ももやなしはどうか。応用して調べてみるとおもしろい。

青森・長野・東京でとれた「ふじ」というりんごを比べてみた。

A・B・Cの皿に3つの県のりんごを小さく切って入れ，それを6年生に食べ比べさせ，投票させてみた（総合的な学習の時間）。子どもは大喜びで熱心に食べ比べた。

結果は，長野が1位で圧倒的に多く，2位が青森だった。東京が1番おいしいといった子どもは1人もいなかった。

さて，これからが問題である。

なぜ，長野のりんごがおいしいかということである。偶然ということもあるし，決定的なことはいえない。しかし，子どもたちは調べた。

わたしは長野のりんご所へ調べに行った。

その結果，長野のりんご畑は圧倒的に山の斜面に多い。このため，気温差が大きいことがわかった。青森県の弘前もいってみたが，比較的平地に多く栽培されている。

体験から科学的な追究へ進めた例である。

※りんごは沖縄県以外の46都道府県でつくられている。

28 海岸沿いにビニルハウスが並んでいるのはどうしてか?

要点 高知県南国市はビニルハウスによる野菜の促成栽培を行っている。冬に晴天が多く，温暖で，真冬の12月～2月でも，最高気温が11～15℃になり，雪や霜がほとんどない気候と，地温の上がる砂丘地を利用して，ビニルハウスの中で野菜の促成栽培を行っている。「野菜王国」といわれる生産をあげている。ビニルハウスは，海岸の砂丘地に，海と垂直になるように配置されている。この理由を考えさせると，高知の野菜づくりの特色がつかめる。

授業の流れ

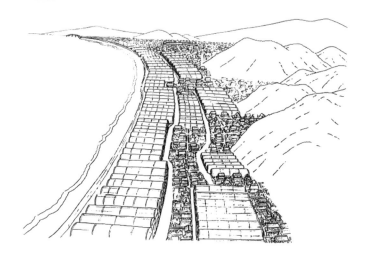

❶ 高知県南国市の海岸沿いに並んでいるのは何でしょう。……… 提示・発問

　はじめにイラストを提示して，「これは高知県南国市から高知市にかけての海岸のようすです。美しく並んでいるのは何でしょう」と問う。

　　　　　　　　　　　　　　　　　　|・ビニルハウスだ！

ビニルハウスであることは，すぐわかる。

地図帳で南国市の位置をたしかめる。左側の海は，「土佐湾」，右上の方につらなって見えるのが「四国山地」であることをつかませる。

❷ この写真の上は，東西南北のどちらになりますか。……… 発問

上が「西」になり，左が「南」になることをつかませる。写真を地図とくらべながら考えさせるとよくわかる。

❸ ビニルハウスが，海と垂直になるようにつくられているが，これはどうしてでしょうか。……… 発問

これは，かなりむずかしい。

ビニルハウスは風に弱い。それで，海岸からの風，あるいは北西の季節風（冬）のあたる面を少なくするための工夫である。同時に朝から夕方まで日光があたるようにした工夫であることを説明する，

❹ では，ビニルハウスが，海岸の砂地の所につくられているのは，どうしてでしょうか。……… 発問

・日当たりがとてもよい（日光をさえぎるものがない）。
・日当たりがよいため，とてもあたたかい（暖房費が少なくてすむ）。
・砂地は，地温があがりやすいため，野菜の成長が早い。
・水はけがよいため，ばい菌が少ない。

> **情報 ビニルと重油の出現**
>
> 　昭和27年以前には，加温栽培は，地温の上がりやすい海岸の砂丘地が最適地であった。しかし，昭和27年，ビニルハウスの導入以来，加温栽培は，平野部の水田地帯にも広がった（海岸から内陸へ）。そして，昭和35年には，加温燃料が，薪から重油に変わり（エネルギー革命），ハウスが大型化した。

29 野菜をだますのが日本一うまい県はどこか？

要点 野菜の早づくりや遅づくりがうまい，ということは，「野菜をだます」のがうまいということである。7月頃できるきゅうりやなすを，温度，水量，光などをうまく使って，本来の生育時期を変え，真冬に実らせたりする。このことをおもしろく表現すると，「だます」ということになる。これをクイズ形式にして提示すると，必ず，子どもはのってくる。つまり「野菜をだますのが日本一うまい県はどこか？」と問いを投げかけ，選択肢をいくつかあげる。そして，促成栽培だけでなく，抑制栽培もやはりだましていることに気づいてくる。次第に，野菜を見る目が変わってくる。

授業の流れ

❶ 野菜をだますのが日本一うまい県はどこでしょう。……… 提示・発問

4月か5月頃学習する。

本物の「きゅうり」を提示して，「この「きゅうり」は，本当なら7月頃実るはずなのに，だまされて，今ごろ実っています。きゅうりなどの野菜をだますのが日本一うまい県は，次のどの県でしょう」と言いながら，黒板に，「①千葉県　②北海道　③鳥取県　④高知県」と書く。

子どもたちは，①番とか，④とか言っているうちに，調べ始める。

そして，「野菜王国」といわれる「高知県」を見つけだす。

❷ 高知県の人たちは，どんな方法で，野菜をだましているでしょう。……… 発問

・ビニルハウスを使って，あたたかくして，冬なのに「夏がきた」と思わせている。
・時期を早くするために，ビニルハウスの中を，石油をたいて，よりあたたかくして，だましている。
・気温をあげ，水をたくさんやって「夏がきた」と思わせて，早く実らせている。

・あたたかくして，光をたくさん与えて，だま
している。
野菜をだますのに「温度，水量，光量」の3
つを使う方法がとられており，この3つを調
節することによって，実らせる時間を変えて
いることに気づいてくるように導く。

❸ **どうして高知県で，野菜の早づくりや遅づくりが盛んなので
しょう。**………発問

子どもたちは，「あたたかくて，雨が多いからだ」と言う。

このとらえ方ではだめである。

夏はどこででも野菜ができる。冬つくるところに価値がある。

ビニルハウスの中・小なすのとりいれ（南国市役所提供）

情報 早づくりのできる条件

①冬，あたたかい。
②冬，晴天の日が多い。
③冬，風が少ない。
　冬あたたかくないと，石油がたくさん必要で，費用がかかりすぎる。冬晴
天日数が多いと，あたたかいし，日照時間も多くなる。事実，冬の方が晴天
が多い。
　また，冬風が多いと，ビニルがいたんだり，とんだりする。

30 別海町で酪農がさかんなのはどうして？

要点 北海道根室市の隣，別海町では，町の人口の6倍もの乳牛が飼育されており，「酪農の町」として有名である。1戸あたりの乳牛の飼育頭数は，146.5頭で，全国平均の88.8頭はもとより，北海道の平均よりも多い。牧草地も1戸あたり56ヘクタールもある。自然条件と社会的条件がマッチして，日本一の酪農王国をつくりあげたのである。しかし，入植した酪農民は，牛乳の値段が安定しないことや消費量がもうひとつ伸びないこと，大きな借金の返済などの悩みもかかえている。

授業の流れ

❶ 北海道でさかんなものは？　ときかれたら，どんなことが浮かびますか。……… 発問

- ・漁業
- ・サケのこと
- ・じゃがいもなど農作物
- ・牛乳
- ・バター，チーズなど

❷ どうして酪農がさかんになったのでしょう。……… 発問

「なかでも，酪農は日本一です。1戸あたりの平均頭数は146.5頭（全国平均は88.8頭），牧草地は1戸あたり平均56ヘクタールという，とほうもない広さです。どうして酪農がさかんになったのでしょう」と問いかけて，その理由を調べさせる。

参考資料もけっこうあり，子どもたちは喜んで調べる。問題がはっきりしているので調べやすいからである。

広々とした牧場。丸いのは牧草ロール（牛のエサ）
（北海道・福嶋顕勝氏提供）

情報 酪農がさかんになったわけ

○根室地方は，霧が発生することが多い（親潮と黒潮のぶつかりによって）。
○霧の発生によって，日照時間が短く，気温も低い。8月でも，20℃をこす
　日がほとんどなく，上着やセーターが必要である。根室の7月の気温は，
　那覇市のいちばん寒い1～2月の気温より低い。
○気温が低いため，酪農に適していた。夏の最高気温が32℃を超えると，
　乳量が15～20%落ちるという。しかも，味のうすい牛乳になる。
○気温が低いため，米や野菜などができない。草しか生えない。しかし，そ
　の草はやわらかくて，牛にとってよい。
○広大な根釧台地があり，しかも，この台地は米も作物もできない土地であ
　った。草しか生えない不毛の土地といわれていた。これが，昭和48年，
　国が新酪農村計画をうち出し，大規模な酪農王国ができた。

❸ 酪農がさかんになったわけをまとめる。……… 話し合い・まとめ

　調べたことをもとにしながら話し合いをし，納得できる条件をまとめて
いく。

31 赤身と白身はどちらが浮魚で どちらが底魚か?

> **要点** 魚の形を見ただけで,浮魚か底魚かわかるだろうか。また,魚の身の色を見て,魚の形がわかり,浮魚か底魚かわかるだろうか。魚の色ではどうだろうか。この学習をすると,これらのことがわかるようになり,がぜん魚に興味をもつようになる。また,何漁法でとれた魚かで,浮魚か底魚かわかり,魚の形や身の色まで見当がつくようになり,漁法にも興味をもつようになる。

授業の流れ

❶ どんな形をしている魚でしょう。………{提示・発問}

　白身と赤身の刺身を提示し,「それぞれどんな形をしている魚でしょう」と問う。

　　・白身はたいやひらめのような形。
　　・赤身はさばやいわしのような形。

❷ どちらが白身で,どちらが赤身でしょう。………{提示・発問}

　サバとタイ(キンメダイでもよい)を丸ごと提示して,名前を確かめる。

　そして,それぞれの身の色を当てさせる。

　子どもたちは,白だ,赤だと言う。そのとき,「先生は,魚の形から身の色がわかりますよ」と言うと,「どうしてわかるの?」と言う。こう言っておいて,魚を切って身の色を見せ,「サバ─赤」「タイ─白」であることを確認する。

❸ サバとタイを比べて,特徴を見つけ,ノートに書きなさい。 できるだけたくさん見つけなさい。………{提示}

　・サバ─体形が細長くスマート,見るからに速く泳げそう,ひれは細くて長い,口も目玉もタイより小さい,背の色は青,腹の方は白。
　・タイ─体形がずんぐり,幅が広い,口と目玉が大きい,ひれも大きい,泳ぎは速くなさそう,色は黒っぽい赤。

〈 板 書 〉

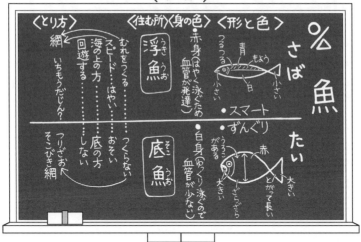

　この特徴を板書するとき，上図のように横に線を入れて，上にサバ，下段にタイを描くようにする。

　特徴も，なるべく絵に書き込むようにする。

❹ **どちらが上に住み，どちらが底に住んでいるでしょう。**……… 発問

　形と色，身の色までわかったところで，「住む所」と板書する。そして，「サバとタイは，一方は海の上の方に住み，一方は海の底の方に住んでいます。どちらが上に住み，どちらが底に住んでいるでしょう」と問う。

　子どもたちは，形と色から，サバが上に住み，タイが底だろうという。

　そこで，「浮魚」と「底魚」ということばを教える。

❺ **群れをつくって泳ぐのは，どちらでしょう。**……… 発問

　これはすぐわかる。泳ぎまわるサバの方である。ここで応用問題を出す。「イカは白身ですね。イカは，浮魚でしょうか，底魚でしょうか」。

　「白身だから底魚だ」と言う。イカは，群れをつくって回遊する浮魚である。タイは底魚であることから，イカは例外であることがわかる。

❻ **浮魚と底魚のとり方は同じでしょうか。違うでしょうか。**……… 発問

　住む所や群れ，泳ぐ速さなどの違いから，とり方もちがうことに気づき，調べ始める。

32 網は魚をとるだけだろうか？

要点 網といえば，「魚をとるものだ」という固定観念がある。大きな網を出す。子どもたちは，魚のとり方をいろいろ考える。そこへ「網は魚をとるだけか」とゆさぶりを入れる。たったこれだけのことばで，子どもの視界がパッと開ける。魚をとること以外の網の使い方も考えるようになる。最近はみかん園や野菜畑の風よけに，青いネットが使われるようになっている。これも，子どもをゆさぶるネタになる。目のあらい網で，風をよけるなんて思いもよらないことであるからだ。これは，養殖の学習への実に自然な導入である。

授業の流れ

❶ 幅 2m，長さ 20m の網を廊下にひろげて，扱わせ遊ばせる。

········· 提示

　網目は，子どもの頭がスッポリ入るくらいの大きさなので，子どもたちは，頭を入れてみたり，幅をはかってみたり，長さの長いのに驚いたりしている。網は丈夫だから，少々ひっぱったくらいでは破れたちはしないので，安心して扱わせる。

　そのうちに，「この網は，何に使うものですか？」と，必ず問いかけてくる。問いかけてきたら，逆に「何に使うものだと思いますか？」と問い返す。

廊下に広げたノリ網

❷ この網は，何に使うものだと思いますか。………発問

> ・大きな魚をとる網ではないか。マグロのような大きいのを。
> ・流れの速いところに置いておくのではないか。大きな浮魚がかかるのでは？
> ・まき餌をして魚を集めておいて，この網でとるのではないか。
> ・底魚をとるものではないか。底の方の魚は動きがにぶいから，このくらいの目のあらい網でもかかるのではないか。
> ・漁業資源を保護するため，大きな魚だけをとるのではないか。

　等々，魚をとることばかり考えている。

❸ 網というのは，魚をとること以外に使いませんか。………発問

　そこで，ゆさぶりをはじめる。

　カンのいい子どもは，「あっ！」と叫んで，資料集や教科書のページをめくりはじめる。そして，養殖にも網を使うことを発見する。

　「養殖にも使うんだ！」と発見をよろこぶ。しかし，どのように使うかさっぱりわからない。わからないまま授業を終わる。問題を残して授業を終わることが大切である。

◆ 発展

　翌日，「先生，あれはノリ網でしょう？」と，必ず何人かの子どもが話しかけてくる。「さあね」と言うと，「絶対，ノリ網ですよ。長さや幅も，本にかいてあるとおりだよ」「ぼくは，いなかのおじいさんに電話してきいたんだよ」と，調べてきたことを強調する。

　こうして魚のとり方や「ノリ養殖」のしかた，「魚の養殖」の学習へ入っていく。

33 沖縄の「もずく」養殖は世界一か?

要点 意外に思うかもしれないが，沖縄のもずく養殖は世界一である。このもずくは健康にもよい。沖縄の与勝半島のつけ根にある「平屋敷漁港」は沖縄県でも一番の養殖量を誇っている。どうしてここでよくできるのか。それは自然条件のよさであり，ここには後継者も多く，若い人たちが仕事にとり組んでいて活気がある。もずくは種から苗に育てている。海底5mくらいの所に網を張って，これを育て，苗がのびたらすいとる。

授業の流れ

❶ これは何だかわかりますか。……… 提示・発問

本物のもずく（スーパーで入手できる）を提示して「これは何だかわかりますか」と問う。

たいていもずくだとわかるはずだ。

❷ どこの海でとれているでしょう。……… 発問

・あたたかい海ですか?
・つめたい海ですか?

❸ 日本でも暖かいところの海です。……… 確認

・沖縄の海でしょう。

情報 沖縄のもずくの生産量

沖縄のもずくは世界一の生産量を挙げている。しかし，沖縄県のどこででもとれるというものではない。

平成20年	15,607t
うるま市	7,878t
南条市	2,037t
恩納村	1,025t
宮古市	645t
石垣市	613t

❹ 沖縄のどのあたりの海でとれるのでしょう。……… 提示・発問

　沖縄県の地図を提示して，「どのあたりの海でとれるのでしょう」と問
う。
　　　　　　　　　　　　　　　　　｜・まったくわからない。
　「わからないよね」と言いながら，うるま市の勝連町が，沖縄一の生産
量をあげている（平成 20 年　7,878t）ことを伝える。

❺ どうしてここの海でよくできるのでしょう。……… 発問

　海の条件があります。ヒントは「きれいな海」です。

　　　　　　　　　　　　　・白い砂地。
　　　　　　　　　　　　　・遠浅の海で水がすみきっている。
　　　　　　　　　　　　　・冬でも暖かい──年中暖かい。
　　　　　　　　　　　　　・川がない──生活排水が流れ込まない。
　　　　　　　　　　　　　・日照時間が長い──天気がよい。
　　　　　　　　　　　　　・森林から養分──森林が減ったらアウト。

❻ どうやって育てるのでしょう。……… 発問

　　　　　　　　　　　　　・「種」→網につける→苗に育てる。
　　　　　　　　　　　　　　──この苗をすい取る（収穫）。
　　　　　　　　　　　　　　↓
　　　　　　　　　　　　　網に植えつける（海の畑で育てる）。
　　　　　　　　　　　　　・5m より浅い所は浅くても育つが育ちがよく
　　　　　　　　　　　　　ない。

❼ 深さ 5m くらいの所で育てているのはどうしてでしょう。……… 発問

　　　　　　　　　　　　　・日光がよくあたる──植物だ！
　　　　　　　　　　　　　・日照時間が長い。

❽ 困ることはどんなことでしょう。……… 発問

　（1）赤土の流出
　　　　生活排水の流入
　　　　森林の伐採
　（2）市場が遠い──送料が高い
　　　　　　↓
　　　　　　↓

❾ どこへ売っているのでしょう。……… 発問

　　　　　　　　　　・99.5%──県外。
　　　　　　　　　　・スーパーマーケット500か所。
　　　　　　　　　　・船で冷蔵コンテナに入れて送る。
　　　　　　　　　　・送料が高くなる。

　★もっと売りたい──どこへ売るか
　　　　　　例）給食に出してもらう

情報　健康によいもずく

　もずくには健康によいフコイダンという成分が多く含まれている。生活習慣病にきく。便秘の解消。血糖値を下げる。

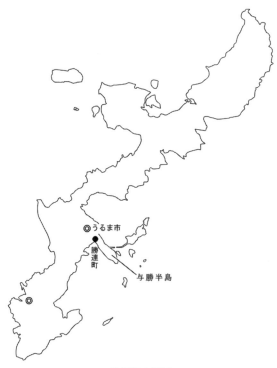

沖縄県の地図

34 日本の自動車のつくり方は？

近年，日本の工業の中心は自動車工業になっている。東日本大震災の前には，日本の自動車生産が世界一になったりした。この自動車工業はすそ野が広く，多くの人々の雇用をつくり出している。ピラミッドの頂点に組み立て工場があり，すそ野には，ナット，ビスなどをつくる中小の工場も必要である。自動車のつくり方も，近代化がすすみ，ロボットが沢山使われ，人手はかなり減ってきた。しかし，ロボットを動かすのは人であり，うまく使いこなすのも人である。

授業の流れ

❶自動車はどんな順序でつくられているでしょうか。……… 提示・指示

［プレス］［ようせつ］［とそう］［組み立て］［検査］［出荷］

の６枚のカードを提示して（アトランダムにカードを並べる）「これは自動車を造るときの言葉です。どんな順序で造られているか，カードを順に並べなさい」（提示―指示）

子どもたちは，教科書や社会科資料集をみて，話し合いながら並べる。

①プレス　②ようせつ　③とそう　④組み立て　⑤検査　⑥出荷

❷６つの仕事は，それぞれどんな仕事をしているのか教科書の説明を音読しなさい。……… 指示

教科書には，６つの仕事について，わかりやすく短い文で説明しているので，それを音読させる。ノートに写させてもよい。時間はかかるけれど。

❸６つの仕事をひとことで言うと，どうなりますか。……… 発問

①**プレス**　車体の部品つくり。

②**溶接**　車体の型をつくる。※30秒で40か所の溶接ができる。45年前は人がやっていた。目をいためたり，やけどをしたりした→ロボットへ

③**塗装**　3回くりかえして色を塗る。

④**組み立て**　一台一台自動車を組み立てる。

⑤**検査**　ブレーキ，水もれ　ドアのしまりぐわいなど調べる。

⑥**出荷**　完成した自動車を船やキャリアカーで出荷する。

❹ **ロボットが多くつかわれるのは，どの仕事でしょう。** ……… 発問

　　　　　・プレス，溶接，塗装── 92％がロボット。

　　　　　・理由 ┌・危険な仕事。
　　　　　　　　 ├・重いものをあつかう仕事。
　　　　　　　　 └・人の体を痛める仕事。

❺ **人（80％）とロボット（20％）が，一緒になって仕事をしているのは，どの仕事でしょう。** ……… 発問

　　　　　・組み立て。

❻ **組み立てラインの長さは，どのくらいでしょう。** ……… 発問

　　　　　・1km　（以前はもっと長かったがしだいに短くなり，今は1km。もっと短くなる可能性がある）

❼ **ラインで1人が受け持つ長さは，どのくらいでしょう。** ………
発問

　　　　　・5m　（この5mに2人。ラインの両側に1人ずつ）
　　　　　・5m の中で，決められた仕事をする。

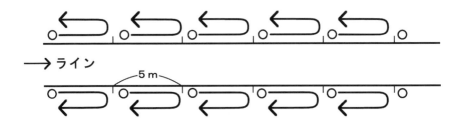

⟶ ライン

5 m

❽ 1 グループは「14 人＋1 人＝15 人」で仕事をします。＋1 人 はどんな仕事をするのでしょう。……… 発問

> ・班長。
> ・班の人の仕事がうまくいっているか見ている。困った人がいたら手伝う。
> ・トイレなどに行く人にかわって仕事をする。

❾ どうして人が組み立てないといけないのでしょう。……… 発問

1 台ずつ違う仕様の車をつくるので，人がやらないとうまくいかない。 部品も色も作業量も全くちがうので。

見ていると，よく間違えないなと感心する。

車に合わせて，違う部品が流れてくる。

部品の数が 3 万もある→約 1 万の関連工場で部品をつくっている。

シート 1 個でも，部品は約 100 個—関連工場は約 30 もある。

シートは関連工場から完成された形で送られてくる。

これを使って組み立てる。組み立て工場ではつくれないことがわかる。

❿ ほとんどの仕事を人がしているのは，どの仕事でしょう。……… 発問

> ・検査—人の目が生きる。
> 　　　　項目ごとにきちんと検査する。
> ・出荷

1 台 20 時間で完成する。

⓫ 完成した車は出荷されます。何で出荷しますか。……… 発問

> ・船
> ・キャリアカー

⑫ 5000 台積める船の大きさは，どのくらいですか。……… 発問

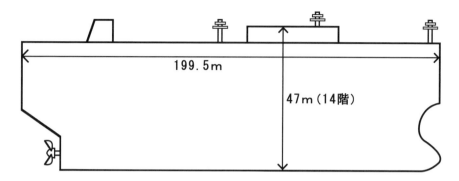

199.5m

47m（14階）

⑬ どのようにして，船に積み込みますか。……… 発問

・運転して積み込む人
・止める位置を指示する人 ｝ チームを組んで
・動かないように固定する人 ｝ 作業する。

1 人が 1 日に積み込む数―― 70 台。

車体にはキズやよごれを防ぐシートが張られる。

（例えば 1 日に 1200 台積み込む。この時は 2 チームが作業する）

・車と車の間は――にぎりこぶし 1 つ分。
・時計などは身につけない ｝ 傷をつけないこと
・つめをきちんと切る ｝ が大切。

⑭ アメリカまで行ったら，車をおろします。軽くなると，船は
危険です。帰りはどうしますか。……… 発問

｜・港の水を積み込む。

　太平洋のまん中にきたら，きたない水を捨てて，きれいな水を満たんに
して帰る。

⑮ このきれいな水は，どうするのでしょう。……… 発問

水族館などに売っているのだ。

※この方法は円高のためうまくいかなかった。それで工場を外国につくっている。

35 自動車工場を支える関連工場はどんな仕事?

要点 自動車は，3万もの部品をよせ集めてつくられます。とても1つの工場でつくることはできません。左の図のようになってい

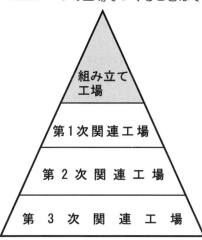

て，多くの関連工場に支えられて，組み立て工場はなりたっています。組み立て工場が不景気になると関連工場も大きな影響を受けます。まだ，第4次，第5次の関連工場もあります。第1次関連工場は，第2次，第3次関連工場へ注文を出します。下請けの下請けの下請けという関係になっています。ここでは，シート工場の例をとりあげます。

授業の流れ

❶ **自動車の部品の1つ「シート」は，どこでつくられているでしょう。**……… 発問

　　　　　　　・関連工場
　　　　　　　・下請け工場（昔のよび名）

❷ シート工場では，どんな順序でつくっているでしょう。教科書，資料集，などで調べてみましょう。……… 発問・活動

1, 自動車工場から注文が届く
　　　↓
2, フレームをつくる
　　　↓
　　別の関連工場へ→布を縫う→第3次　注文
　　　↓　　　　　　　　　　中国などへも注文を出す
3, シートを組み立てる
　　（自動車の組み立てと同じ分業による流れ作業）
　　　↓
4, 検査をする
　　キズはないか
　　布がねじれていないか
　　しみなどがないか
　　しわなどないか
5, 出荷をする──輸送する
　　　↓
　　自動車工場のラインへ

❸ 関連工場のなやみは，どんなことでしょう。……… 発問

　　　・注文がこなければつくれない。
　　　・きまった注文がこない。
　　　・計画的に仕事がしにくい。

　一番の悩みは，「ジャスト・イン・タイム」方式で自動車を生産する早さに合わせて，決められた種類の品物を，決められた時刻に届けなければならないことである。
　つまり，自動車工場の組み立てラインが，関連工場まで続いているのと同じ。これがなかなかたいへんのようだ。むだのないしくみで仕事をしているということになる。

36 ジュース工場を，山の中に つくったのはなぜか？

要点 カゴメジュース富士見工場は，中央本線富士見駅（長野県）から車で 15 分くらいの所にある。海抜 930m の高原にある工場である。一つだけ，ポツンと。子どもたちは，「山の中に工場をつくってもうかるのか。なんで，こんなところにわざわざつくったのだろう？」と考える。「ジュースの原料はなんだろうか？」と切り込むことによって，「原料が近くでとれるのではないだろうか」と考える。そして，原料のトマトを工場の近くで契約栽培させ，それを買い入れてジュースをつくっている。いわゆる「原料立地」の工場であることがわかってくる。さらに，日本鋼管のような工場は，「市場立地」による工場との違いもわかり，工場があちこちにあるのは，それなりの立地条件があることに気づく。

授業の流れ

❶ 日本地図の大きな掛図を提示して太平洋ベルトを確認する。

.... 確認

そして「カゴメトマトジュース」（パック入り）を提示し，問いかける。

❷ このトマトジュースをつくっている工場は，どこでしょう。

.... 提示・発問

子どもたちは，「パックの横に書いてあるから，それを見ればわかる」と言う。すばらしい考えだ。これをよむ。そして，位置を日本地図で確かめる。

長野県富士見町にある。中央本線富士見駅の近く。

地図でみると，完全に山の中にある。海抜 930m の高原にあることを教える。太平洋ベルトの位置とはまったくちがうことに気づく。

そして，「どうして，こんな山の中に工場をつくったのだろう？」という疑問を感じはじめる。

❸ カゴメジュース富士見工場は，どうしてこんな山の中につくったのでしょう。予想をノートにかきなさい。 ········ 発問・指示

　子どものなかに問題意識が出てきたところで問いかけて，ノートに書かせる。3～5分間書かせた後，発表する。そして，予想をもとに調べる。
①原料のトマトがとれる所に，工場をつくった。
②トマトは，いたみやすいので，遠くへ運べない。それで，工場の方をトマトのとれる所へつくった。
③富士見町は，トマトつくりに適した土地である。

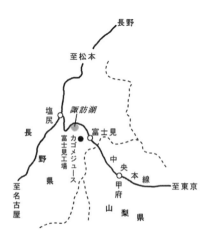

・空気が澄んでいる。
・日照時間が長い。
・昼間25～30度，夜間15～20度と温度差が大きい。
・排水がよく土地が肥えている。
・工業用水も豊富。

カゴメジュース富士見工場の位置

情報 工場の立地条件

○カゴメジュース富士見工場のようなものを「原料立地」といい，ミカンのかんづめ工場，魚のかんづめ工場，セメント工場などがある。
○太平洋ベルトに多く見られるような市場に近いところに立てられる工場を「市場立地」といい，ビール工場，印刷工場などがある。
　なお，工場がトマトの苗を農民に与えて栽培させる，契約栽培をしている。このトマトから種はとれないようにしている（企業秘密）。

37 わたしたちのくらしを支える情報とは？

要点　わたしたちのくらしの中には，多くの情報がある。聞くまいと思っても，見ようと思わなくても，情報は入っていくる。なかで，テレビ，新聞，ラジオの情報ははんらんしている。新聞は厚くなって40ページもあるし，テレビはチャンネルを回せばいろいろな情報が入ってくる。そこで，今回はニュースと天気予報にしぼって，情報のあり方を考えてみたい。この2つがわたしたちのくらしの中にどのように入り込み，利用されているか追究する。

授業の流れ

❶ NHK 総合テレビの放送で，一番回数が多いのは，どんな番組でしょう。……… 発問

> ・ニュースが多い。
> ・天気予報が多い。

情報　天気予報

「天気予報」というのは，「今日，明日，明後日」くらいまでの予報を言っている。これから先は，週間予報，長期予報（1か月予報，3か月予報），季節予報と言っている。

❷ 天気予報は1日何回行われ，ニュースは何回放送されているでしょうか。……… 発問・活動

新聞のテレビ欄をコピーして配布し，「天気予報は，1日に何回くらい行われているか調べなさい。しるしをつけても，書き込んでもいいです」と活動を指示する。

(1) 天気予報とニュースの放送回数

NHK 総合	2回	9回
NHK 教育	0回	0回
日本テレビ	1回	5回
テレビ朝日	1回	4回　※ 2020.2.4「読売新聞」より

(2) 新聞では上のようになっている。

　しかし，天気予報は民放も行われている。どうして書いてないのか，とゆさぶりをかける。

情報　朝多い天気予報

　NHK 総合の場合，「朝 8 時までに 1 回」「1 日に 6 回」行われている。台風がきたりすると増える。

❸ **NHK 総合で，天気予報とニュースが，民放に比べて特に多いのはどうしてでしょう。**………発問

・NHK は料金をとっているので，サービスする必要がある。
・NHK にニュースを，民放に楽しみを求めている。

❹ **天気予報は，どんな人が，どんなことに利用しているでしょう。**………発問

・わたしたち　勤めに行く人——かさの必要性
・農家の人——仕事の工夫
・漁師——仕事の工夫
・釣りにいく人——いけるかどうか
・役所の人——洪水対策，水不足対策
・道路工事，建設現場の人——仕事の工夫
・病人——薬をのむなど
・消防署の人——乾燥したときの心配・対策
・野球の選手——今日試合ができるかどうか
・スキーに行く人——雪が降るか，すべれるか
・旅行に行く人，山へ行く人——天気の心配
・店の人——雨の日はよく売れる，売れない

天気予報は，ほとんどの人が利用していることがわかる。特に，朝の天気予報が大事だ。朝，集中的に放送していることに気づけるだろうか。

★ NHK総合テレビの4：30〜8：00までの間は，特に多い。何回くらいしているか，休みの日などに調べてみるといい。

❺ くらしに役立つ天気予報は，どこで，どのようにしてつくられているでしょう。……… 発問

・放送局がつくっている
・気象庁がつくっている
・気象庁が情報を出す→・日本気象協会
               ↓   ・ウェザーニュースなどの会社が
               ↓   つくる
・個人の気象予報士がつくって放送   ↓
・アナウンサーが放送   ・気象予報士が放送
いくつかの方法がありそうだ。

情報　気象予報士

　個人が予報をつくっているらしいことは，「Aさんの予報はあたらない」などと，個人名をあげられていることからもわかる。「Bさんの予報は面白い。いろんな情報をつけたして，印象に残るようにしている」などと言われることもある。
　天気予報のことばは122通りもある。

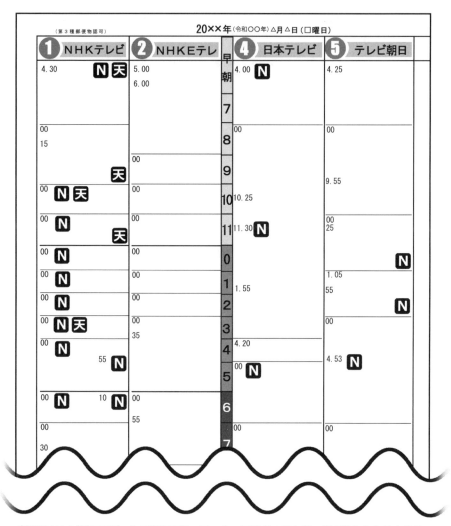

新聞のテレビ欄をコピーして配布する。マーカーで印をつけたり，書き込みしたりさせる。

38 森林はわたしたちのくらしに どんな影響を与えているか?

要点 森林のはたらきが見直されている。漁師が山に木を植える運動をしたりしている。ある海で沢山とれていた魚がとれなくなった。調べてみると川の上流の森林が伐採されて，植林されなくて，はげ山になっていたということもわかってきた。わたしたちの生活にも，木材が必要なのに，日本の森林はほったらかしにされている。荒れ放題の所もある。このため，ゲリラ豪雨などが降ると山くずれが発生している。木があっても山くずれがおこる。森林はわたしたちのくらしに安らぎを与えてくれる。工場なども，まわりに木を植えたりするようになり，環境を守るようになっている。海の端にも木を植え，木が魚を育てるようにしている。

授業の流れ

❶ えんぴつの芯のまわりは何でできていますか。……… 発問

えんぴつを提示して，「このまわりは何でできていますか」と問う。

| ・木でできている

❷ 見の回りで，木からできているもの，木を利用しているものをさがしてみましょう。……… 指示

| ・机 　　・椅子 　　・柱 　　・家
| ・床板 　・床の間 　・戸棚 　・タンス 　・天井

★ものすごく沢山あることに気づかせ，木の大切さを考えさせる。

❸ 森林はどんな働きをしているでしょう。……… 提示・発問

教科書に出ている「森林の絵」を提示して，「これは，木材を生産する森林の絵です。森林は，木材を生産するほかに，どんな働きをしているでしょう」と言い，グループなどで相談させる。

| ・水をたくわえる 　　・風をさえぎる（防風林）
| ・人々の楽しみの場（散歩）（森林浴）
| ・動物のすみかになる 　　・動物のえさも育てる
| ・昆虫の住み家 　　・燃料になる

❹ 森林のはたらきを発表し，本当にそんなはたらきをしているか考え合いましょう。……… 発表・思考

- ・木材を生産する
- ・水をたくわえ―洪水を防ぐ―飲料水　　・水源林
- ・土砂くずれを防ぐ―防砂林　　・風を防ぐ―防風林
- ・音をさえぎる―防音林　　・雪を防ぐ―防雪林
- ・木炭を作る―燃料
- ・山菜やきのこを育てる―山菜取り
- ・空気をきれいにする―工場の周りなども
　　　　　　　　　　　　　街路樹
- ・雨がよく降る―※樹雨
- ・人々を健康にする―森林浴
- ・魚や貝を育てる―魚つき林

情報 十勝平野の防風林

　北海道の十勝平野は，冬北西の風が強く，畑の土をよそへもっていってしまう。そこで，畑の周りに防風林を植えている。空からみると見ごたえがある。この防風林の総延長は 3,605km もあり，日本列島より長い。大きな働きをしている。

❺ 本当にそんなはたらきをしているか調べたくありませんか。

……… 発問

　「本当に 4 で挙げたようなはたらきをしているか調べてみたいことや，『はてな？』と思うことはありませんか」と尋ねてみる。

- ・空気をきれにするって本当だろうか？
- ・熱帯雨林が減っているのは，なぜ問題か？
- ・森林が日本に沢山あるのに，なぜ輸入ばかりしているのか？
- ・林業ではたらく人が減っているのはどうしてか？
- ・木を育てるのに，どんな仕事が必要か？
- ・白神山地や屋久島が自然遺産になっているのはどうしてか？

★自分で調べるように指導したい。

Ⅲ

6年生の授業

1 選挙が厳密に行われるのはなぜか？

要点 選挙では，係の人は実に神経を使って，ていねいに仕事をしている。それは，選挙は民主主義の原点だからである。これをきちんとすることが，政治の始まりである。政治家も選挙に勝ってはじめて「政治家」になる。選挙も，事前に投票の入場券を配布し，投票の折には本人であることを機械で確認し，本人であることがわかれば，投票用紙を渡し，記名して，投票箱に投票する。この時刻は午前 7 時きっちりから，午後 8 時きっちりまで行われ，1 秒でも遅れたら投票できない。きちんとした仕事がなされている。

授業の流れ

❶ 投票の様子を見たことがありますか。⋯⋯⋯ 提示・発問

選挙の投票風景を写真などで見せながら，「投票の様子を見たことがありますか」と問う。

・お父さんについて行ったことがある。
・お母さんと一緒に行って中にも入りました。

❷ 投票所に行ったとき，お父さんやお母さんは，何か持って行きませんでしたか。⋯⋯⋯ 確認

・持って行きました。
・「入場券」とか言ってました。
・受付で入場券を出していました。

❸ 選挙権のある人は，何歳以上ですか。⋯⋯⋯ 発問

・18 歳以上です。

❹ よく知ってますね。では，選挙権のある人は，いつ 20 歳になった人ですか。⋯⋯⋯ 発問

・誕生日でしょう。
・選挙の前ならばいいのでは。

入場券を事前に配るのだから，やはり，基準というかきまりがなくては配れませんよね。

・選挙のある前に，誕生日がきた人。
・選挙の 1 か月前に，18 歳になった人とか。

❺ きちんとしたきまりがあります。次のどれでしょう。……… 発問
① 選挙より前に誕生日のある人（18 歳になった）
② 投票日が 18 歳の誕生日の人
③ 投票の 1 か月前に満 18 歳になった。
子どもたちは，大ゆれにゆれる。

★正解は②です。
　投票日に 18 歳の誕生日の人は投票できるのです。これが基準であり，
きまりです。
　　　　　　　　　　　　　　　　　・わかりやすくていいね。
　　　　　　　　　　　　　　　　　・さすがだね。

　投票用紙をもらったら名前を書いて―
　　　　　　　　　　　　　　　　　・投票します。

　投票しないで，紙を持って帰る人も時々いるので，
　　　　　　　　　　　　　　　　　・見ている人がいます。
　　　　　　　　　　　　　　　　　・立会人だ。
　　　　　　　　　　　　　　　　　・立会人はどんな人がなれるのですか。
　先生は，立会人になれるでしょうか。
　　　　　　　　　　　　　　　　　・無理ですね。
　　　　　　　　　　　　　　　　　・「品」が足りないですよ。

❻ 立会人は地域の名士がなります。……… 説明
　婦人会の会長さんとか，大学の先生とか，消防団の団長さんとか，町内
会長さんとか―。
　　　　　　　　　　　　　　　　　・誰でもよいという感じね。
　　　　　　　　　　　　　　　　　・知られた人でないと，わからないよね。

❼ 朝一番に投票に行くと，投票箱の中を見せてもらえます。……… ゆさぶり
　「先生は 2 回，朝 1 番に投票に行ったことがあります。そのとき，投票
箱の中をあけてみせてもらいました。というのはホントか，ウソか」と尋
ねる。
　　　　　　　　　　　　　　　　　・ウソにきまっている。
　　　　　　　　　　　　　　　　　・ホントでしょ。
　　　　　　　　　　　　　　　　　・何も入ってないことを確かめなくてはならな
　　　　　　　　　　　　　　　　　　いでしょ。だからホントだと思います。

　ホントですよ。一度両親について一番に行ってみてごらん。わかります
から。

❽ **投票した用紙は，箱の中ではどうなっているでしょう。**……… 発問

> ・そのまま入っているのでしょう。
> ・入れただけだからどうにもならないでしょう。

❾ **実は，折って入れたのに，中へ入れると開くようになっているのです。**……… 説明

特殊油化合成紙といって特殊な紙を使っているのです。

> ・わかった，早く開票できるためでしょう。
> ・開いておれば，早いからね。

そのとおりです。普通の紙より少し高いけど，開票を早くするため開発されました。

❿ **午後8時に「手だけ」間に合えば投票はできるでしょうか。**……… 発問

先生はね，午後8時ぎりぎりに行って，戸をしめている所に『手だけ』入りました。投票できたでしょうか」と問いかけてみる。

> ・全身入らないとダメでしょう。
> ・少なくとも1/2以上入ってないとダメでしょう。
> ・投票できるんじゃないかな。車が渋滞したとか，あるじゃない。

しばらく，けんけんがくがくやり合ったが，結論は出ない。

★ **「結論は，投票できる」です。**

なぜかって？　投票率を少しでもあげたいからです。

そこでもう一つたずねます。

⓫ **投票所で中学生・高校生は，アルバイトできるでしょうか。**……… 発問

> ・中学生はダメでしょう。
> ・高校生はいいんじゃない。もう大人だもの。

⓬ **中学生はダメです。高校生は，将来のよい選挙民を育てるため，選挙への関心を高めるためOKですよ。**……… 説明

今は機械化されて，人手があまりいらなくなったので，あまり使ってないようです。

情報 初めての選挙

　大日本帝国憲法によって，1890年7月，第1回の総選挙が行われた。有権者は総人口のわずか1%強で，300人の議員を選んだ。初めての選挙のため関心度も高く，投票率は92%の高さだった。

　勢力分布をみると，与党（吏党）が84人，野党が171人となっている。政府の思惑がはずれたのである。

■初期議会の勢力分野

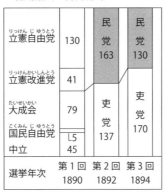

	第1回 1890	第2回 1892	第3回 1894
立憲自由党	130	民党 163	民党 130
立憲改進党	41		
大成会	79	吏党 137	吏党 170
国民自由党	└5		
中立	45		

2 小学生も税金を納めているか?

要点 小学生は，税金を納めているだろうか。収入もまったくない小学生が，税金を納めているなんて考えられないようだが，実は，けっこう納めているのである。映画を見に行ったり，遊園地に行ったりすれば入場料をとられる。この中に「娯楽施設利用税」というのが含まれている。食堂で食事をすれば，その代金の中に「料理飲食税」が含まれているし，物を買えばそれに消費税がかかっている。小学生でも，物をよく買う人ほど，あちこちよく遊びに行く人ほど，税金をたくさん納めていることに気づかせることができる。

授業の流れ

❶ お家の人が税金について話すのを聞いたことがありますか。
.... 発問

「家のお母さんやお父さんが，『税金が高いなあ。こんなにとられているよ』なんて話しているのを聞いたことはありませんか」
と，話しかけると，

> ・うちのお母さんなんて，毎月のように，「税金がたかすぎる」と言ってる。
> ・「アルバイトしても税金とられるからかなわんな」と，お父さんが言ってたよ。
> ・「固定資産税」とかが，とても高いとか言ってた。

等々，なかなかにぎやかである。
　家でも話題になっているからだろう。

❷ では，小学生のみなさんは，税金を払っているでしょうか。
.... 発問

　お父さんやお母さんが，「税金が高くてかなわん」と言っていることはわかったが——と前置きしておいて，ひと呼吸入れて発問する。
　子どもたちは，「ええ？」と驚く。そして，
「小学生は，収入もないし，払う力がないのだから，払いようがない」

などと言う。「お年玉たくさんもらってるじゃないか。あれで払うんだよ」
とまぜかえすと，猛烈に反論してくる。

・お年玉は「収入」ではない。こづかいである。だから税金はかからない。
・税金というのは，「もうけ」のあったときかかるんだから，小学生は払うわけがない。
・お年玉は，いくらもらったか政府にはわからないはず。だから税金のかけようがないじゃないか。

❸ 君たちは，ファミコンとか，ゲームソフトとか，物を買わないでしょうか。……… ゆさぶり

ゆさぶると，ハッとしたように，

・物を買うと，税金がかかっているのかな？
・そうだ，消費税をとられているよ。

と，言いだす。そこで，次のような話をする。

情報 小学生の税金

　小学生が映画を見に行ったり，遊園地に遊びに行くと入場料を払う。この中に「娯楽施設利用税」という税金が含まれている。誕生日のお祝いにカメラや時計を買ったとすると，どんな安いものでも，ちゃんと消費税がかかる。

　レストランへ食事に行くことも多いだろう。すると，その代金の中に，「料理飲食税」が含まれているのだ。

　お年玉をたくさんためて，貯金をする。ある限度額を超えると，その利子に税金がかかる。

　注意してほしいことは，小学生でも，物をよく買う人ほど，あちこちによく遊びに行く人ほど，「税金」をたくさん納めていることになるのだということ。税金を払いたくない人は，物を買ったり，遊んだりしないことだ。

---

3 世界で最初に「土器」を発明したのはどこの国か?

要点 土器の発明は，人間の味覚を変え，食生活を豊かにした。物を煮て食べることやスープの味を知ったのである。この土器の発明は，中国やエジプトあたりでなされたと子どもたちは考えている。日本で発明されたものはないと思っている。こういう予想を出させておいて，「日本」が世界でいちばん早く土器を発明した（1万2000年前）ことを明らかにし，子どもの考えをひっくり返す。そして，土器の発明は，人びとの生活をどう変えたか考えさせるとおもしろい学習ができる。

授業の流れ

❶ 世界で最も古い土器は，どこの国で発明されたでしょう。 ……… 提示・発問

土器を見せながら「世界で，最も古い土器は，どこの国で発明されたでしょう」と，ズバリ切り込む。

エジプト，インド，ヨーロッパ，中国，日本，朝鮮……などが出されてきたら，それぞれ理由を言わせる。

グループで話し合わせ，「どこの国──理由」を発表させるとおもしろくなる。

- エジプト──なんたって，ピラミッドという神秘的な建築物があるくらいだから，土器も早くからつくられていたはずだ。
- インド──仏教の生まれた国で，古くから開けた国らしいから。それに，仏さまには，器にお茶などを入れてそなえるでしょ。だから，早くから土器ができていたと思う。
- ヨーロッパ──早くから文化が栄えていたから，土器も早くから発明されていただろう。
- 中国──エジプトにまけないくらい早くから文化が栄えたので。
- 日本──なんとなく，日本のような気がする。
- 朝鮮──日本は，朝鮮から焼き物類が入ってきているので。秀吉も朝鮮から焼き物をもって帰ったとか聞いたことがあるから。

❷ 土器の発明は日本がいちばん早いのです。⋯⋯⋯ ゆさぶり

　おもしろい答えが出てきたところで，「実は，日本がいちばん早いのです」と言うと，「へぇ？　ウソでしょう！　そんなバカな！」と，驚きの声をあげ，しばらく納得しない。

❸ 最初の土器はどんな形をしていたでしょう。⋯⋯⋯ 発問

　土器の形を予想させ，画用紙などに「絵」を描かせる。

　それから，「尖底土器」の模型を見せるか，写真のコピーを配布する。すると，子どもたちは，先がとがっているのでどうやって使うかを問題にする。しかも，思ったより小さいのに驚く。

　使い方を考えさせ，物を煮たり，水を入れたり，運んだりするのに使ったらしいことを予想し，問題を残しておく（次時へ発展するように）。

❹ 土器の発明によって，日本人の食生活は，どのように変わったでしょうか。⋯⋯⋯ 発問

　子どもたちは，「そうだ，生活が変わったんだ！」ということに気づき，考えはじめる。

　土器の発明は，食生活の革命ともいえる大事件であることに気づき，驚く。

情報　**味覚革命**

・なま，焼く──土器のないころ
　　　　↓───〈土器の発明〉
・煮る→煮もの，スープ ⎫
・ゆでる　　　　　　　 ⎬ 保存できるようになった→長生き？
・むす　　　　　　　　 ⎭

---

4 縄文人が貝堀りをしたのは春夏秋冬のいつか?

要点 どの教科書も資料集にも,「5000 年ほど前のくらしのようす」といった生活の想像図が出ている。縄文人のくらしのようすを表したものである。この絵の中に,貝をとり,それを縄文土器で煮て,身を取り出し,干して,保存用食料にしている場面がある。この絵を,白黒のコピーにとり,それに,予想する季節を決めて着色させることによって,絵の見方がまったく変わってくる。色や季節などへも着目するようになる。着色作業を通して,仕事のようすなどのよみとりも豊かになり,大昔の人びとの生活のようすがわかる。1 枚の絵の見方を一変させる。

授業の流れ

❶「5000 年ほど前のくらしのようす」を配布する。……… 提示

資料集や教科書を机の中などにかたづけさせる。

そして, 137 ページの絵をコピーして配布する。

❷ この想像図を見て, わかることをノートに書きなさい。できるだけ, たくさん書きなさい。……… 指示

と指示し, 5 分間くらい書かせる。書き終わったら発表させる。

発表したものは, 板書する。そのとき, 男の仕事らしいものと, 女の仕事らしいものに分けて書く。

貝を掘っている, 貝を煮ている, 貝の身をとっている, 貝の身を干している, 貝がらを貝塚に捨てている, 子どもが貝がらを捨てに行っている, 子どもがユリの根を掘っている(食べるため), 木の実の貯蔵庫がある, 男の人が石おので木を切っている(家の材料だろう), けものをとって家の方へ持ちかえっている。家は竪穴式住居, 何軒かずつかたまって住んでいる, 網を使って魚をとっている, 5000 年前に網があったのか, もりで魚をとっている, 船がある(丸木船か?), 土器がある,

土器は縄文式土器だろう，土器をたてて煮ている，ざるがある，竹か芋のつるでつくったものか（ざる）……など，たくさん出る。

❸ この絵は，春夏秋冬のいつですか？　季節を決めて着色しなさい。………指示

　自分の予想で着色させる。子どもたちは，どこに目をつけて季節を考えるか。貝堀りに着目する子が多い。

　作業しているうちに，考えが変わる子どももいる。その子には新しいプリントを渡し，前のプリントを回収する。

　★着色作業は，考えながらやるので，1時間かける。

　たのしみながら塗る。塗っているうちに，細かいところに気づいてくる。気づいたことをメモさせる。

> ・貝を干しているのは，ござか，むしろのような感じだが，この材料はなんだろう。
> ・家の近くには，草や木の少ない，庭のようなものがある。
> ・はだしで仕事をしている。
> ・火はどうしておこしたのか？
> ・貯蔵穴を掘る道具はどんなものか？

　だからこそ，着色作業に1時間くらいかけてもよいのである。

　驚くことは，「女の人の着ている着物の色がわからない」「みんな同じ色にしてよいのか──今の人は，とくに女の人は，他人とちがう色のものを着るようだから──」などに気づくことである。

❹ この絵（貝を掘り，煮て身をとり出し，干している）の季節は，春夏秋冬のいつですか？　その理由を発表しなさい。
と言って，発表させる。

………発問

　★この発問は，子どもの絵の見方を変える。今までは「見る」のだったが，「よみとる」見方に変わってくる。

> ・冬にそなえて保存していると思うので，秋だろう。
> ・水あそびもかねて貝を掘っているようなので，夏だろう。
> ・潮干狩は，今でも春がさかんだから，春ではないか。
> ・火のもやし方がはげしいので，暖房もかねて貝を煮ているので冬。

それぞれ理由がおもしろい。

❺ ここで，本物の「資料集」を出させ，自分の着色したものとくらべさせる。そして，もう一度「季節」を考えさせる。決め手がない。……… 作業

★「ヒントは，貝塚にあります」と言って，調べさせる。

情報　貝塚の貝

　貝塚の貝は，その成長線から「春」のものが多いとわかる。なぜ春にとったかというと，春の貝がいちばんおいしいからである。大昔の人は「旬の味」を知っていたことがわかり驚く。

❻ 貝を掘ったり，煮たりしている人は，男ですか，女ですか。……… 発問

　きもの，頭の形，ネックレスや腕輪，イヤリングのようなものへも目がはたらくようになり，「分業」に気づく。

❼ この絵の35人に，男（♂）と女（♀）の記号をつけなさい。……… 提示

　男か女かは，仕事の内容で区別していく。分業がはっきりとわかってくる。男女の仕事を分けた板書の書き方が生きてくる。

❽ 絵の方位はどちら向きですか。……… 発問

※家の裏側が開けているが，家の右側に入口があるので，右側が「南」であろう，と考える。家も，日あたりを考えて，日光が入りやすいところに，入口兼窓をつくったのであろう，と。瀬戸内海沿岸は，入口をやや西の方に向けているものが多い。風の関係らしい。

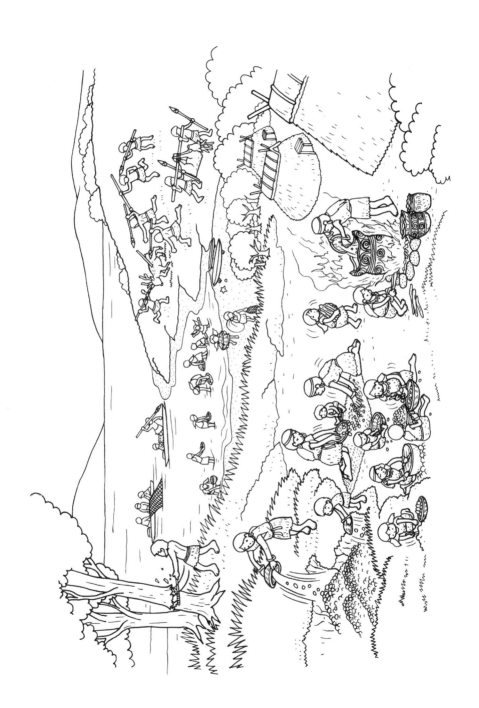

5 縄文時代の平均寿命は どのくらいか？

要点　人骨数は少ないが，出土した人骨から，縄文時代の前期の平均死亡年齢は，男 30.3 歳，女 29.6 歳と推定されている。男も女も，30 歳前後で死亡したのだから，現代からみれば驚くほど短命な時代だと言える。この傾向は，縄文時代の終わりころでも同じで，男 30.1 歳，女 30.9 歳とまったく寿命はのびていない。計算に入れるいる人骨は，死亡年齢 15 歳以上だから，15 歳未満の死亡を考えると，平均寿命はものすごく低くなる。現在の長寿を確認することから，大昔の寿命を予想させ，それを資料でひっくり返し，大昔の生活のきびしさに気づかせる。

授業の流れ

❶ 現代の日本人の平均寿命は，何歳くらいですか。……… 発問

「だいぶ長生きになったと言っていたな」などと言いながらも，正確にはわからない。ほとんどの子どもが「70 歳以上」と言う。なかには「80 歳以上」と言う子どももいるが，少ない。

話し合いをしてもムダであるから，黒板に「男― 81.25 歳，女― 87.32 歳」と書く。子どもは「ワッ」と言う。

❷ 縄文人の寿命は現代より長いでしょうか，短いでしょうか。

……… 発問

子どもたちは，「絶対に短い」という。その理由がおもしろい。

> ・竪穴式住居の土の上に寝たから，体が冷えて長生きできなかった。
> ・食べ物が足りず，栄養失調→餓死。
> ・食糧不足だから，なんでも食べた。その中に悪い物があり，食当たりで死ぬことが多かったのではないか。

・歯みがきをしなかったので歯の病気――歯医者がなかった。
・病院がなかったので，病気になったら確実に死んだ――神に祈ってもだめ。
・雷にうたれたり，火事，洪水，漁で水死，狩りでけものに殺された，などの自然災害によって死んだ。
・少ない食べ物のとりあいから喧嘩になり，死亡。
・食料さがしの過労で死亡。
・伝染病などがはやったら，手のほどこしようがなかった。
・ふぐの調理法に失敗して，死亡。etc.

★一方，けっこう長生きしたという意見も，少数だがある。

・現代のように，ストレスがないから長生きできた。
・公害もまったくないし，自然災害で死ぬくらいだから長生をした。

❸ 縄文人の平均寿命はどのくらいだろうか。……… 発問

こんどは数字で寿命を出させる。理由の内容を具体化するわけである。
いろいろな予想（30歳くらいが多い）を出させてから，下の資料を提示する。子どもたちは，寿命の短いことに驚く。

	男		女	
	個体数	平均死亡年齢	個体数	平均死亡年齢
縄文前期	9	30.3	6	29.6
縄文中期	22	32.4	12	32.3
縄文後期	34	32.9	30	31.5
縄文後晩期 （紀元前 1000～500 年）	21	29.2	20	32.1
縄文晩期 （紀元前 500～300 年）	47	30.1	34	30.9
	133	31.1	102	31.1

15 歳以上の縄文人の平均死亡年齢（寿命）

6 銅鐸の絵は何をしているのか?

要点 　銅鐸の絵（次ページ）は、「米つきをしている」と言われ、参考書を見て、そう覚えている子どももいる。「この絵は、何をしているのか?」と問いかけることによって、子どもの固定観念をくずし、多様な見方を引き出すことができる。この1枚の絵から当時の衣食住に関する問題まで発見させることができ、子どもの「見る目」を新鮮なものにすることができる。この見方は、他の資料を見る見方・考え方に発展するもので、子どもにとって大きな力になるとともに、「資料を見ることはおもしろい」と言うようになる。

授業の流れ

❶ 銅鐸に描かれているのは何の絵でしょう。……… 提示・指示

　次ページのイラスト（模造紙に大きく描くか、プロジェクターで写す）を提示して、「これは、銅鐸に描かれている絵の一部です。この絵は何をしているのでしょう。していると思われることをノートに書きなさい。できるだけたくさん考えて書きなさい」と指示する。

　「銅鐸」がわからない場合は、教科書や資料集を使って説明したり、話し合ったりして、時期や目的を明らかにした上で、上の発問をする。ノートにかかせる時間は、3分間くらいが適当である。

　ノートに書いたものをもとに、何をしているものか発表させる。

　餅をついている、貝をまぜている、米つき（玄米→白米）、脱穀、薬つくり、肉をやわらかくしている、ストレス解消、木の実を割っている、土器（弥生式土器）をつくる土をこねている、ごみを小さくして捨てる、石器をつくっている、木をくりぬいてうすをつくっている、鉄をたたいて器をつくっている、酒つくり、草だんごつくり、楽器をならしている、毛皮をやわらかくしている、魚をつぶしている、洗濯をしている、肥料つくり、棺つくり、粘土の入れものつくり、木の入れものつくり、粉つくり、木の実からジュースをつくっている、麦つき、肉をつぶしてハンバーグの

銅鐸の絵の一部（有田和正　模写）

ようなものをつくっている，祭りのおどり，神にささげる儀式をしている，やせるための体操，ストレス解消の体操をしている……。

　ここには 30 種類ほどあるが，どんなクラスでも 20 個は出てきて，子どもたちも驚く。

❷ 当時の人びとは，どんなものを食べていたでしょう。……… 発問

　「米，肉，魚，木の実，野草，麦」などを食べていたのではないか，という考えを引き出せる。

❸ では，この人たちは，どんな家に住んでいたのでしょう。……… 発問

　この問いによって，

・竪穴式住居に住んでいた。
・移住生活か定住生活（米つくりに便利なところに）。
・倉庫は高床式のものがあった。
・血縁集団→地縁集団（ムラのようなものをつくって住んだ）。

　などの考えが出てくる。

❹ この人たちは，どんなきものを着ていたのでしょう。……… 発問

　どんなものを着ていたか，当時の絵などで調べさせる。

　こうして，1 枚の絵から，衣食住に関することがわかってくる。この後の学習に応用発展できる。

7 銅鐸の絵からわかることは？

要点　銅鐸の絵から，衣食住に関する問題だけではなく，当時の人びとの身長，はきもの，寿命，虫歯，性別などの問題までよみとることができる。これらのことは，子どもたちの予想もしなかったことだけに，とてもおもしろがって追究する。しかも，銅鐸に出ている他の絵も関連してよみとっていくようになる。子どもから質問が出なくても，教師が前述の視点から発問することによって，子どもの見方を深めることができる。

授業の流れ

❶ 銅鐸に描かれた人の身長は，どのくらいだったでしょうか。

········ 発問

　「こんどは，この絵の人自身について，おたずねしますよ」と言いながら，「銅鐸の絵の人は，今の人より大きかったでしょうか，小さかったでしょうか」と尋ねる。

> ・栄養が足りないから小さい。
> ・過労のため小さい。
> ・栄養のバランスが悪いから小さい。
> ・生活環境が悪いから小さい（竪穴式住居は湿気が多い）。

情報　昔の人の平均身長

ここで資料（下記）を出す。資料を見て驚く。

関東各地で出土した大腿骨から推計した各時代の平均身長　（単位：cm）

	男	女		男	女
縄文時代	159.1	148.0	江戸前期	155.0	143.0
古墳時代	163.0	151.5	江戸後期	156.4	144.7
鎌倉時代	159.0	144.9	明治時代	155.3	144.7
室町時代	156.8	146.6			

弥生時代の後期から古墳時代にかけて，男性163cm，女性151.1cmで，日本の歴史上（現代を除く）いちばん大きい。縄文時代からぐっとのびている。

これは，米つくりによる食料増加と気候が温暖期であったことなどによると考えられる。いちばん小さいのは，江戸時代や明治時代で，古代人の方が体格がよかったことに驚く。

❷ 身長は，この頃が日本の歴史上（現代を除く），いちばん大きいことがわかりました。では，身長がのびたように，寿命ものびたでしょうか。……… 発問

食料が豊かになり，気候も暖かくなり，身長がのびたのだから，寿命も絶対にのびたはずだ──と考える。当然のことである。

ところが，である。「平均寿命の方は30歳と，縄文時代からまったくのびていません」と言うと，子どもたちは「ウソだ！」と言う。言って調べ始める子も出てくる。

❸ 虫歯はあったのでしょうか。……… 発問

身長はのびたけれども，平均寿命はまったくのびていないことがわかった。次に，「では，弥生時代の人（銅鐸の人）は，縄文人より虫歯が多くなったでしょうか，それとも少なくなったでしょうか」と尋ねてみる。

「甘いものは，木の実やはちみつくらいしかなかったから，虫歯はなかったのではないか」「歯みがきしなかったら少しはあったと思うけど」と言う。「縄文人の虫歯保有率は44％」と言うと，「ええ？」という。「44％よりふえたか？」と問うと「ふえただろう」と言う。そこで「83％」と言うと，すかさず，「米が原因だ！」と答える子がいる。

❹ この絵（141ページ）の2人は男か女か。……… 発問

2人とも男，2人とも女，右が男で左が女，その逆などの意見が出る。

調べてもわからないから，教える。「2人とも女です」と言うと驚く。

米つきは女の仕事であったことがわかる。分業になっていたのだ。「大昔から──!?」と驚き，おもしろがる。

8 ２つの金印　どちらが本物か？

要点　実物とそっくりの寸法（重さだけが異なる）の金印と，実物の1.5倍の金印を提示して，「どちらが本物か」と問いかけることによって，「国宝」は，どちらかといえば，小さい物が多いことに気づかせる。そして，福岡県の志賀島で発見された金印は，誰が，なんのために出したものか，いろいろ想像させ，ロマンをかきたてる。子どもたちは，古代のナゾときをたのしむようになる。古代は，わからないことが多いからこそおもしろいことに気づかせる。この金印の真贋問題は，何度となく学者から問題提起されている。私もどうもにせもののような感じがするが，ここではあつかわない。

授業の流れ

❶ どちらが本物の金印でしょう。……… 提示・発問

　実物そっくりの金印と，実物の1.5倍の金印いずれもを提示して，「この２つの金印のうち，１つは国宝です。１つはにせ物です。どちらが国宝（本物）でしょう」と，まじめな顔で問いかける。なにしろ国宝を借りてきているのだから。白の手袋でもすると，なお効果的である。

　子どもたちは，疑いの目で見ながらも，

・小さい方が，本物らしい感じがする。
・国宝は小さい物が多いのでは？
・小さい方が，古い感じがする。

などと考える。

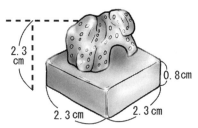

金印の大きさ（重さ108g）

2.3 cm
0.8cm
2.3 cm
2.3 cm

❷ 金印にはなんと書いてあるでしょう。………発問

金印には，文字がきざまれている。いったいなんと書いてあるだろうか。

実物大の文字のコピーしたものを配布し，黒板に大きく書く。そして，「漢の倭の奴の国王」と読み解くのに百数十年かかったことを話す。5文字の意味は「漢のけらいである倭の国の奴の国王」だということを話す。

すると，子どもは「どうして漢のけらいになっていたのか」「『奴の国』はどこにあったのか」「誰が金印をもらったのか——金印をあげた人は？」と問いかけてくる。

情報　　**金印**

年表によれば，「西暦57年，北九州の倭奴国王が後漢に使者を送り，光武帝から倭奴国王の金印を受けた」ということになっている。

金印は西暦57年，「後漢の皇帝・光武帝→倭奴国王」ということである。

---

❸ 奴の国王は，なんのために金印をもらったのでしょう。………発問

・後漢がとても強かったので，そのけらいになった方が得なので，けらいになったしるしにもらった。

・物々交換をしたのではないか——仲よしになるために何かをおくった？

・文化をすすめるために，中国の文化のしるしとしてもらった。

・平和条約のしるしではないか——お互いに戦争はしないというしるし。

・中国が自慢のために，日本の国王におくったのではないか。

・奴の国王が，奴隷か何かおくったので，そのお礼のしるしではないか。

・仲よしになるため——戦争や何かのとき助けてくれる。

どれも本当らしく思えるところがおもしろい。

9 ヒミコはパンツをはいていたか？

要点 なんとも下品で，くだらないと思うかもしれないが，実はそこがねらいなのである。「下品だ」「エッチだ」と言いながら，実はみんな内心ではおもしろがっているのである。女性がパンツをはくようになったのは，いつごろのことだろうか。平安時代？　いや，江戸時代だろう。いいえ，明治になって西洋文化が入ってきてからだろう。みんなちがう。昭和のはじめ，東京日本橋の白木屋百貨店（後の東急百貨店，平成11年1月閉店）の火事のとき，和服の女店員がすその乱れを気にして外へ飛びおりずに焼死したことがきっかけとなって，洋服が普及し，パンツもはくようになった。

授業の流れ

❶ ヒミコを知っていますか。……… 発問

いきなり「ヒミコという人を知っていますか」と問う。名前は聞いたことがあるが，どんな人か，いつごろの人か知らない，と言う。そこで次の指示をする。

❷ 教科書や資料集に出ています。どんな人か，いつごろの人か調べなさい。……… 指示

・邪馬台国の女王で，30あまりの国を従えていた。
・239年に，中国の魏に使いを送った。中国の王から，王の称号と金印・銅鏡をあたえられた。
・まじないをすることがうまく，神のおつげで人びとを従えていた。
・夫はなく，弟が政治を助けていた。1000人の召使いがいた。

ヒミコは邪馬台国（どこにあるのか？）の女王で，3世紀の人だとわかったところで，次の発問をする。

❸ ヒミコは，パンツをはいていただろうか。……… 発問

子どもたちは，「エッチ」と言いながら，笑い出す。

・パンツは，まだなかったと思うので，はいて
　いない。
・長い着物を着ていたので，見えないのではく
　必要がなかった。
・魏志倭人伝には，そんなこと書いてないか
　ら，はいてない。

全員はいてないという。

そこで，土偶の写真のコピー（情報参照）を配布する。

情報 パンツをはいた土偶

　縄文晩期の土偶で，岩手県種市町戸類家遺跡か
ら，シャツを着，今のような逆三角形のパンツをは
いたらしい土偶が出ていることを話す。
　しかし，子どもたちは，「それは祭りの道具だか
ら」と言い，はいていないと言う。

慶應義塾大学民族学考古学研究室所蔵

---

❹ では，日本の女性がパンツをはいたのは，いつごろのことで
すか。……… 発問

　結局，「明治以降だろう？」ということで，問題を残して，各自調べる
ことにした。

❺ ヒミコについての疑問はありませんか。……… 活動

　ヒミコについての疑問を出し合う。教師の方も出す。

・ヒミコの身長はどのくらいか（大体150㎝
　くらいだったという）。
・ヒミコは固有名詞か普通名詞か（後者）。
・ヒミコは美人だったかブスだったか，恐ろし
　い女だったか（美人―趣味が銅鏡集め）。
・ヒミコはどんなものを食べていたか。（古代
　サラダ）。
・死因は何か（毒殺らしい）。etc.

★調べるように導く。

10 「仁徳天皇陵」は仁徳家の墓か，仁徳天皇の墓か？

要点 堺市にある「仁徳天皇陵」は，「仁徳家」の墓か，「仁徳天皇」の墓かと問うことによって，「たった１人のために，どうしてこんな大きな墓をつくったのか」という問題を引き出すことができる。なぜなら，仁徳家ならば一族の墓であるが，これは仁徳天皇１人の墓ということがわかるからである。このような問いは，子どもの意表をつくため，子どもたちは驚き，一生懸命考える。このため，主体的な問題意識をもたせることができる。※「大山古墳」とも一般的にはいわれているが，あえて「仁徳天皇陵」として学習することにした。

授業の流れ

❶ この写真は何でしょう。……… 提示・発問

掛図やTP，スライドなどで「仁徳天皇陵」を提示し，「この写真は，なんでしょう」と問いかける。

子どもたちは，「仁徳天皇陵」とか，「古墳」「大山古墳」とか考える。

❷ 古墳とは，なんですか。……… 発問

追いうちをかけ，「天皇や豪族などのために，土を盛りあげてつくった大きな墓」ということをわからせる。

情報 前方後円墳

仁徳天皇陵，墓の面積としては，世界一の広さ（10万4000m²）である。このような形を前方後円墳という。ほかに，円墳，方墳などの形もあることを知らせ自分で調べるようにすすめる。

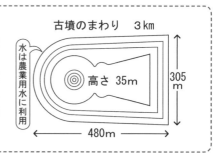

古墳のまわり　3km

水は農業用水に利用

高さ 35m

305m

480m

❸ 大きな墓って，どのくらいの大きさですか。⋯⋯⋯ 発問

問いかけて，墓の大きさを明らかにする。教科書や資料集に出ているので，それで調べさせ，図を黒板に書き，サイズを入れていく。

❹ 仁徳家の墓でしょうか。仁徳天皇の墓でしょうか。⋯⋯⋯ 発問

墓の大きさが明らかになったところで，「この墓は，仁徳家の墓か，それとも，仁徳天皇の墓か」と問いかけると，子どもたちは，「何を言ってるんだ」という表情をする。

つまり，「仁徳天皇陵は，天皇1人の墓か，それとも，仁徳天皇の家族や一族も入っているのか，ということ」を補助発問とする。

※このことを考えさせるために，「仁徳天皇陵」としてあつかった。

> ・天皇1人の墓だろう。
> ・天皇と奥さんくらい入っているのではないか（つまり，2人の墓）。
> ・天皇と，奴隷が相当入れられたのではないか。しかし，墓としては1人。
> ・大きいから，一族みんな入っているのではないか（土地がもったいない）。
> ・天皇と，はにわが身がわりとして入れられているだろう。

などの考えが出されて，論争になる。

「調べなくては」ということになり，調べる。その結果，1人の墓ということがわかり驚く。そして，「たった1人のために，どうしてこんな大きな墓をつくったのか」という問題がクローズアップしてくる。

❺ どうして大きな墓をつくったのか。⋯⋯⋯ 発問

子どもたちは調べる。そして，次のようなことが明らかになる。

> ・大きな力をもっていたことを，世の人びとに示すため。
> ・大きな墓をつくることが，権力をもっていることの証明であった。
> ・多くの人びとを動かす力は，他の開墾や池つくりなどにも利用された。

※三重の掘は明治32〜35年に大工事を行って現在の形にしたもので，はじめからではない。

11 小野妹子はどうして全権大使になれたのか?

> **要点** 聖徳太子は中国の隋が当時世界一の文化国家であり，その政治や文化を学び，日本をよりよい国にしたいと考えていた。「文化は学ぶことができる」と考えた，世界最初の政治家である。小野妹子は，太子につかえ花を飾るような仕事をしていた。妹子はその容ぼうや体力がふつうの人よりすぐれていたこと，身長も並以上であること，知力がすぐれていたことなどを見込まれ，第一代全権大使に選ばれた。妹子は2度も中国に渡り，太子の思いを実現したため，大礼から大徳に出世した。2007年には，妹子1400年祭が西安で行われ，妹子の子孫が招かれた。この子孫が現在もいる。生け花の池坊家である。

授業の流れ

❶ **607年第1代遣隋使の大使として選ばれたのは誰ですか。**……… 発問

「小野妹子」であることは，すぐにわかる。

❷ **どんな条件から小野妹子は大使として選ばれたのでしょう。官位は「大礼(たいらい)」で高くはないですよ。**……… 発問

> ・何だろう―理由は。
> ・中国語が上手だった？

❸ **何かすぐれたことがなければ，全権大使にはえらばれませんね。日本の代表だから―。**……… ゆさぶり

> ・考えたこともなかったなあ。

情報 才能が決め手

妹子は，近江国（今の滋賀県）の小野の豪族です。ふつうであれば，朝廷の高い位にはつけない身分でした。しかし，才能を認められて，大使に選ばれたのです。

・交渉が上手だとか。
・イケメンとか。（これはいい線いってるぞ）
・体が大きく目立つとか。
・身長も大きい？

★今みなさんが挙げたことは，可能性が大きいね。

たいへんな仕事だから。

・体力があった！
・ハードな仕事もこなせる。
・中国語はできたのかな。

情報　外交官の条件

　鞍作福利（くらつくりのふくり）という人を通訳としてつれていったので，中国語はそんなにうまくなかったかもしれない。とにかく，当時の外交官は，たいへんな仕事で命がけだったらしいから，体力，知力，頭の回転が早くいつも笑顔……が条件だったかもしれない。
　とにかく，粗野な性格ではなかっただろう。

---

❹ 妹子の「中国からの返事は百済人にとられた」という報告は本当でしょうか？……… 発問

　妹子が随へ持って行った国書は「日出ずる処の天子，書を日没する処の天子に致す。恙無きや」と対等なつき合いを求め，中国の煬帝をおこらせました。しかし，返事を妹子に渡しました。妹子はこれを，「百済人にとられた」と言って，太子に報告しました。本当でしょうか。

・うそでしょう。
・おこったのだから，そんな内容だったはず。
・百済によってないのだから，とられるわけがない。
・海賊にとられたかも知しれない。
・内容が悪く，見せたくなかったから。

　妹子は，帰国してからたいへんなやんでいたらしい。それを見た太子は内容を察して，彼を処罰しなかったようです。妹子の計略でしょう。

・計略かもしれない，頭のいい人だから。
・見せたら太子がおこるかもしれないから。

151

❺ 妹子はどんな航路で，2度も隋の国へ行ったでしょう。 ……… 発問

・海岸をつたって行かないとあぶない。
・風まかせの旅でしょ。海岸じゃ風が少ないのでは？

❻ これが，当時の航路です。 ……… 提示

・北路を通ったと思う。
・なれてきたら南路も通ったのでは？

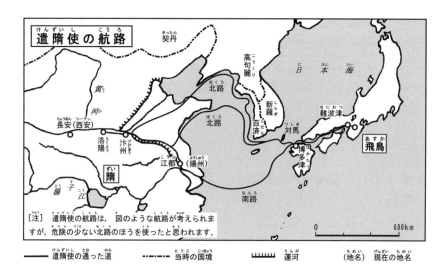

[注] 遣隋使の航路は，図のような航路が考えられますが，危険の少ない北路のほうを使ったと思われます。

——— 遣隋使の通った道　—·—·— 当時の国境　〜〜〜〜 運河　（地名）現在の地名

❼ 妹子はそのはたらきにより大きく出世しました。 ……… 説明

　妹子の精力的はたらきで，日中間はうまくいくようになり，妹子は第5位の大礼から1位の大徳になり，周囲の役人をうらやましがらせたそうですよ。

平成 20 年 6 月 30 日は，小野妹子墓前祭が行われた。子孫の華道家元池坊が行ったそうである。

平成 19 年（2007 年）には妹子 1400 年祭が，日中友好協会主催で西安で開かれたそうだ。当時の国際港は大阪の住吉で，次の国際港は四天王寺で，国際交流の拠点だった。

太子ではなく，妹子の 1400 年祭というのがすごい。

情報 太子の先生

太子は，仏教を学ぶために高句麗から「恵慈」という僧を迎えた。そのころの恵慈は，仏教界での第一人者であった。太子は熱心に恵慈の教えを聞いたのである。

恵慈は，蘇我馬子の建てた法興寺に住んでいた。

だから，太子と馬子の間の連絡役も果たしていたといわれている。

後に，百済の恵聡という僧も迎え，仏教の学問をいっそう深めたといわれている。

太子の視野の広さは，このような勉強によって得られたものだとも考えられる。

12 右手で扇を持って顔をかくしているわけは？

要点 次ページに示した「源氏物語絵巻」の絵は，実に多くの内容を含んでいる。この絵で，平安時代の学習の導入ができる。「この女の人は，どうして右手で扇をもって顔をかくしているのでしょう」と切り込む。すると，さまざまな反応がある。それがまた，おもしろい。扇で顔をかくしているのは，おもしろいものを見ないように「目かくし」をしているのである。なぜか。笑うと，化粧がおちるからである。では，どうしてそんな化粧をしたか。当時の部屋が暗かったからである。というように，化粧から，当時の家のつくり（貴族の），美人の条件などまでよみとれる。おもしろいネタである。時代考証をよくしたドラマでは，映像が全体に暗い。当時の様子をよく表しているといえる。

授業の流れ

❶ 十二単衣の色を調べて塗りなさい。 ……… `提示・指示`

次ページの絵をコピーして配布する。

「これは，平安時代の十二単衣を着た女性です。十二単衣の色を調べて，美しく色を塗りなさい」と指示する。

6年生になっても，こういう着色作業は喜ぶ。ただ塗るだけではなく，「調べて塗る」というように，知的作業を伴うからである。

❷ なぜ，扇で顔をかくしているのでしょう。 ……… `提示・発問`

絵を提示して，十二単衣を着た女性が手前に歩いていることを確かめた後，「この女性は，廊下を歩くのにどうして顔をかくしているのでしょうか」と問いかける。

・あまりにも顔がおかしいので，人に見られたらはずかしいから。
・平安時代の女の人は，ほかの人に顔を見られないようにしていたから。
・日にあたると，色が黒くなるので，日にあたらないようにしている。
・ちょうど，見られてはいけない人が，庭の方にいたのでは？

154

「源氏物語絵巻」より

❸ では，どうして，右手に扇をもっているのでしょう。………発問

> ・左手がだるかったから。
> ・偶然ではないか。
> ・右手にある庭から，日光が入っているから。
> ・嫌いな人や，見られては困る人が，庭の方にいるから。

こんなやりとりをしながら，絵をじっくり見ていく。

扇は，おもしろいものを見ないように「目かくし」をするためである。なぜなら，人はおもしろいものを見ると笑うからである。

情報　平安時代の化粧

　「笑うと困ることがおこるのです」と言うと，「へぇー？」と笑う。ここで，化粧の話しをする。

　「当時の化粧は，小麦粉をねったようなもので，これをヘラで顔に厚くぬりつける。ちょうど壁土のように。だから，時間がたつとかわいてくる。かわくと固くなり，うっかり笑うと壁土がおちて，世にもあわれな顔になる。だから，笑わないように，『目かくし』をしたのです」。

※ 11 月 1 日　古典の日──紫式部が「源氏物語」を石山寺で書き始めた日ということから定められた。平成 24 年が第 1 回古典の日。

13 どうして壁土のような厚化粧をしたのか?

要点　どうして壁土を塗ったような厚化粧をしたのか。それは，当時の寝殿造が，窓もない暗い部屋だったからである。十二単衣だけ見えたのでは幽霊みたいになるから，顔を白くして，目立つようにしたのである。こんな厚化粧をしたのでは，大口をあけて物を食べることもできない。運動もできない。これが健康によいわけがない。

授業の流れ

❶ 平安時代の貴族の女性は，どうして笑うこともできないような厚化粧をしたのでしょう。⋯⋯⋯ 発問

平安時代の貴族の女性は，壁土のような厚化粧をしたこと，笑わないように扇で「目かくし」をして歩いたこと，などを確認した後，問いかける。そして，「白さ」が必要だったことに気づかせる。「白くないと，顔が見えなかったのです」と補説する。

寝殿造（この屋敷は，100m × 100m = 1万 m² くらいあった）は，窓もない，暗い部屋であったこと。だから，白い化粧を塗ってないと，十二単衣だけしか見えなかったこと，などに気づかせる。

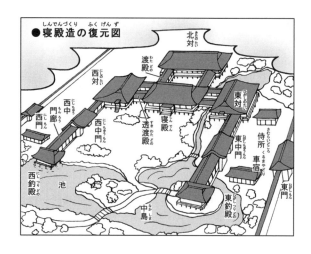

●寝殿造の復元図

❷ 厚化粧をしたわけは，もう１つ理由があります。それはどんなことでしょう。………　発問

「美人」になるためである。

❸ 当時の美人の条件は，３つありました。どんなことでしょう。
………　発問

┌─────────────────────────────────────┐
│ 情報 平安美人の条件
│
│ ○色が白いこと。
│ ○おしろい（化粧用の白いこなや液体）を塗る面積が広いこと（つまり，顔
│ 　が大きいこと）。
│ ○黒い髪で，しかも，長いこと。
└─────────────────────────────────────┘

今の美人とまったくちがうことに驚く。美人も，時代によって変わる。

❹ 厚化粧をし，十二単衣を着，暗い家にいて，長生きしたでしょうか。………　発問

子どもたちは，「絶対，長生きできない」と言う。

┌─────────────────────────────────────┐
│ 情報 平安貴族の寿命
│
│ ○十二単衣を着ているから「運動不足」。
│ ○日にあたらないようにしている──暗い家。
│ ○天皇も栄養失調に悩んでいたといわれるくらい，食べ物も不十分。
│ 　事実，平安時代の貴族の平均寿命は，男 32 歳，女 27 歳であった。死因
│ の 50％は結核（栄養失調が原因），脚気 20％（これも栄養失調が原因），
│ 「かいせん」という皮膚病 10％となっている。夏と冬に死ぬ人が多かった。
│ 　皮膚病で 10％も死んだというのは，当時は，今のような風呂がなかった
│ ためだ。手とか顔をふいたり，洗ったりする程度であった。まして，冬とも
│ なれば，まったくといってよいほど入浴をしなかった。一種のサウナ風呂の
│ ようなものはあったが，これは病気の治療のために使われていた。
│ 　貴族たちは，悪臭をおさえるため，香をたいていた。
│ 　庶民は，全身浴をつねとしていたから，貧しくとも健康であった。
│ 　ちなみに庶民は，春先に死ぬことが多かった。
└─────────────────────────────────────┘

14 寝殿造にトイレはあったか？

要点 「十二単衣を着た女性（最高26枚重ね着したという記録がある。厚さ16.5cmにもなる）は，どうやってトイレに行ったか」と問いかけることから，「寝殿造にトイレがあったか」という問いが生まれてくる。ふだん調べない子どもでも，トイレのことになると目の色を変えて調べる。寝殿造は，天井もトイレもない家だったのである。トイレを通して，寝殿造がどの程度の家であったか，貴族たちの生活の程度など見えてくる。

授業の流れ

❶ 十二単衣の女性は，どうやってトイレに行ったでしょう。……… 発問

はじめに貴族の女性たちは，厚化粧をし，十二単衣を着ていたことを確認する。そして，「十二単衣を着た女性たちは，どうやってトイレに行ったでしょう」と問いかける。

すると，「エッチ！」なんて言いながら，目の色を変えて調べる。

そして，「調べたけど，トイレがない」と言う。

「寝殿造にトイレはあったか？」という問題が成立する。

❷ 寝殿造にトイレはあったでしょうか。……… 発問

子どもたちは，調べたけどないと言う。そこで，「トイレのない家なんてありえない。まして，寝殿造は大貴族の家ではないか。もっとしっかり調べなさい」と挑発する。

ヒントとして，「紫式部はトイレの中でイワシを食べたという記録がある。絶対にトイレはある。しかも，水洗便所だ」とけしかける。

子どもたちは，調べる。

しかし，「やはり，ない」と言う。

そろそろ限界かな，と思われる頃，「実は，これが，当時のトイレだよ」といって，絵（右）を見せる。

子どもたちは，「なあんだ，そんなことか！」と言う。

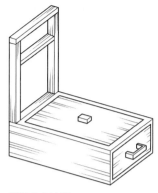

当時のまり箱

情報　**まり箱**

　広大な寝殿造のトイレは，「まり箱」にいったん出し，これを鴨川あたりへ捨てに行き，きれいに洗うので「水洗便所」である。

　この「まり箱」は，「樋箱（ひばこ）」ともいい，長方形の箱に砂をしき，部屋の片すみにおいて，用をたした。

　冬の寒い日などは，わざわざ，それを鴨川まで流しに行かなかったから，その室内のにおいたるや，想像を絶する悪臭であったにちがいない。

　とにかく，寝殿造は，優雅な屋敷に見えるが，トイレも，天井も，窓もない暗く寒い（夏は暑い）建物だったことが，クローズアップされてくる。

　世界一の宮殿ベルサイユ宮殿にも完成初期にはトイレがなかった。「おまる」を274個も使っていたという。昔の家の共通性が見えてくる。

---

❸ トイレで歴史を見る目を育てる。……… 発展

　ここでトイレの学習をすると，歴史を見る目がひとつふえる。「トイレができたのはいつごろのことか」という目で，各時代の家を見るようになる。そして，武士の館にトイレを発見して大喜びしたりする。

　さらに，トイレの自由研究へ進める子どもも出てくる。私のクラスでは，1年半にわたって，3人グループでトイレ研究をした子どもも出た。竪穴式住居のトイレから現在まで，調べたのである。魅力あるネタである。

15 貴族たちの年収はどのくらいあったの？

要点　8世紀の日本の人口は，500～600万人。都の人口20万人のうち，役人はなんと1万人もいた。役人の給与は，位によって決められていた。内閣総理大臣にあたる人の年俸が4億5000万円というのだから驚きである。今の総理大臣は4500万円くらいだからいかに高いかわかる。だからこそ，優雅なくらしができたのである。しかし，下級貴族の年収は，今とかわらないし，かえって少ないくらいである。上下の差が大きかったということである。平安時代に日本風文化が栄えたのは，高級貴族たちの収入がよかったからである。給与の他に荘園からの収入も多かった。

授業の流れ

❶ 寝殿造に住み，美しい着物を着て優雅な生活をしていた上級貴族は，何人くらいいたのでしょう。 ……… 発問

> ・そんなにいなかったのでは？
> ・100人はいたでしょう。
> ・そんなにいるわけないよ。

★これは調べてもわからないだろう。

時代により多少違いはあるが，大体70～100人くらいでした。

❷ 貴族というのは役人です。どのくらいいたでしょう。 ……… 発問

> ・奈良の都は20万人くらいでしょ。
> ・役人は5000人くらい。
> ・多すぎるよ。100人くらいじゃないか。

❸ 平安京の役人も1万人いました。 ……… 説明

平安京の人口は，はじめの頃は10～15万人くらいで平城京より少なかったようだ（しだいにふえた）。が，役人は1万人もいた。

❹ **貴族の年俸は，どのくらいだったでしょう。**……… 発問

・かなりよかったことはわかるけど。
・どのくらいか見当つきません。
・相当よくなければ，優雅なくらしはできませんね。
・十二単衣なんて着れないよね。

情報 万葉歌人の年収

官位別の給与一覧　　　　　　　　　　　　（官位は当歌人の最高官位）

官位	現代の役職	年収	人数	歌人名
一位左大臣	内閣総理大臣	4億5,000万円	}5	橘　諸兄
一位	} 閣　僚	3億6,000万円		藤原豊成
二位		1億1,000万円	8	藤原不比等　大伴旅人
三位	政務事官	7,300万円	30	藤原宇合　同房前　大伴家持
正四位	局　長	4,000万円	12	大伴駿河麿
従四位		3,200万円	32	笠麿　大伴稲公
正五位	} 知　事	2,600万円	17	中臣宅守
従五位	学　長	1,400万円	60	山上憶良　大伴三中
正六位	部　長	680万円	8	阿部息島
従六位		600万円	2	田氏真上
正七位	課　長	450万円	3	磐余伊美吉諸君
従七位		360万円	2	茨田沙弥麿
正八位	係　長	320万円	1	志氏大道
従八位		290万円	0	
大初位		240万円	0	
少初位		200万円	0	

だいたい4,500万円くらいです。

農民の収入は，内閣総理大臣の1/250くらいでした。

❺ **これだけの収入があったから○○が栄えたのです。○○ってなんですか。**……… 発問

・文化ですよ。
・日本風文化が栄えました。
・貴族が「源氏物語」などを書きました。

★**藤原氏が栄えたこの時代，新しい「文化」が生まれました。**

16 武士の館に「いざ鎌倉」があるか?

要点 165 ページに提示した鎌倉時代の武家屋敷の絵には,「いざ鎌倉」といわれる要素がつめ込まれている。●馬小屋が門の近くにあって,すぐ出発できるように工夫されている。●屋敷内,とくに,門の近くに池や築庭がなく,御家人が集合しやすいようになっている。●まわりの垣根が低く,首から上が見えるようになっている(刺客がきてもわかるように)。●ふだんから武芸をみがき,「いざ鎌倉」にそなえている。武器の手入れもしている。●交代で農業生産にもはげんでいる。こういうことがよみとれる。よみとれるようにしたい。すると,資料の見方が一変する。

授業の流れ

❶ イラストを見てわかること, 気づくことを書きなさい。……… 提示・指示

165 ページのイラストをコピーして配布する。そして,「この絵は,鎌倉時代の武家屋敷です。これを見て,わかること,気づいたことをノートに書きなさい。できるだけたくさん書きなさい」と指示する。

★ 1 時間くらい, 思う存分書かせる。

子どもたちは, 見ては書き, 見ては書きする。
いちばんたくさん書いた子どもは 104 個, 少ない子で 40 個, クラス平均 50 個だった。

❷ この武家屋敷の中には,「いざ鎌倉」といわれる内容がいくつも描かれています。それはどんなことでしょう。……… 発問

教科書や資料集で,「いざ鎌倉」とはどんなことか調べる子どももいる。「ヒントは, いざ鎌倉にそなえて, いろいろなことをしているのです」と言うと, 気づいてくる。

○ふだんから武芸をみがいて,「いざ鎌倉」にそなえている。やぶさめや弓
　のけいこをしており,武器の手入れもしている。馬の手入れもしている。
○交代で農業も行っているようだ。武士専業ではなく,半農半武だ。
○庭をつくっていない。池もない。庭の中に,池や山があると,庭先から馬
　に乗ったり,兵を並ばせたりするのにじゃまになる。
○出入り口の近くの出やすいところに馬小屋をつくり,できるだけ早く出か
　けられるように工夫している。
○垣根が人間の身長より低くつくられている。これは,刺客がくるおそれが
　あるからである。身長より高くつくったときは,下をすかして見えるよう
　にしておけ,という決まりがあった。

❸ **この武家屋敷は,寝殿造より広いでしょうか。**……… 発問

　「この武家屋敷は,馬がかけまわるくらい広いようですが,寝殿造（だ
いたい100m×100mくらいあった）より,広いでしょうか,狭いでしょ
うか」と問いかけ,寝殿造の学習を生かし,比較させながら考えさせる。

　子どもは,おもしろいことに気づく。

　絵に出ている人間の大きさから「長さ」を出し,それをもとにして広さ
を考えようというのである。鎌倉時代の男の平均身長は「159.0cm」,女
は「144.9cm」である。

　これをもとにして調べると,「間口39m」になるという。「奥行き」は,
遠近法で描いてあるから,この計算法ではダメだと考える。

　だいたいの感じからいくと,「間口39m」の「2.5倍」はあるという。

　そうすると,「39m×97.5m＝3802.5m^2」で,面積はおよそ3800m^{2}と
なる。これは,寝殿造の1万m^{2}よりだいぶ狭い。半分以下の広さという
ことになる。

　おもしろい見方ができる子どもがいる。

❹ この頃の農民は，どんな家に住んでいたでしょう。……… 発問

問いかけて，家のちがいを明らかにしていく。

御家人の武家屋敷とくらべながら見ていく。

> ・武家屋敷──板じき，板ぶきと草（わら）ぶき，今の家に近い。
> ・農民の中には，竪穴式住居に住んでいるものもいるようだ。
> ・ちゃんとした床のある家に住んでいる人が多くなっている。屋根は，わらぶきだろう。
> ・むこうの方に，三重の塔が見え，その右に寺らしい大きな家も見える。
> ・差がはげしい。
> ・農民は，まとまって住み，その数は多くなっている。

❺ 当時は一毛作ですか，二毛作ですか，二期作ですか。……… 発問

作物のつくり方に目を向けさせる。

牛や馬を使って，「しろかき」をやっている。つまり，米つくりは進んでいるようだ。また，麦か何かつくっていて，それを取り入れて田植えをしているようなので，「二毛作」が行われていたようだ，とわかる。

肥料として，「人ぷん」も使いはじめている。肥おけをかついだ人も出ている。

❻ 鎌倉時代，身分の差はあったでしょうか。……… 発問

「あたりまえのことをきくな」という顔をしている。

そこで，「身分の差があった証拠を出しなさい」と言う。

家はもちろん，道路を通っている人にも見えるし，武家屋敷の中にも身分差が見える。こうして，イラストがゆたかに見え出す。

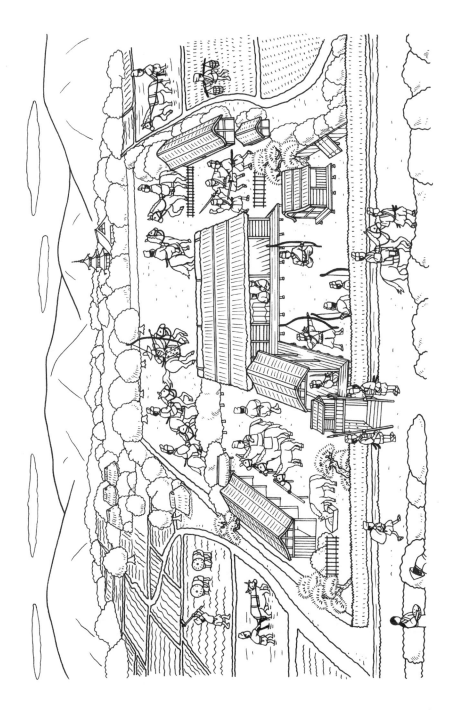

17 元軍は日本を攻める前から 負けていた?

 元寇において,「元軍は日本を攻める前から負けていた」というのが,教材研究の結果から出した私の結論である。理由は3つ。

①元軍の構成そのものに問題があった。

②ちょっとした季節風でもくずれる程度の船で攻めてきた。

③兵士は,元によって征服された人びとで,本気で戦う人はいなかった。

この3つを具体化した資料が,次ページの2つの図表である。この2つがあれば,子どもの「神風によって日本が勝った」という考えをひっくり返し,新しい見方をさせることができる。

授業の流れ

❶「この世でいちばんこわいもの」と語り伝えられるものはなんでしょう。……… 発問

「21世紀の今でも,東北地方の田舎の人に,『この世の中でいちばんこわいものは──』と語り伝えられているものはなんでしょうか。北陸地方では「モーモ」と言っています」という発問で,元寇の授業をはじめる。

税（年貢）,戦（いくさ）,ききん,地頭（泣く子と地頭には勝てぬ）,お上,地震,元寇……などが出てくる。

★「それは,モッコというもんじゃ」と教える。

はじめは,「モッコという病気」ではないかなどと言っているが,「蒙古」のことだとわかってくる。東北地方の田舎の人まで,しかも,現在まで,蒙古のこわさが語りつがれている。それほどこわかったらしい。

❷日本は勝ったというが,決め手になったものはなんですか。

……… 発問

この発問で,「神風＝台風」という考えが明確になる。

元軍の構成

	文永の役 (1274年)	弘安の役 (1281年)	
		東路軍	江南軍
船の数	900 高麗が1～6月の6ヶ月間に造る	900 高麗が造る船の材料3000せき分	3500 南宋が造る
兵力	2万5000人 高麗人 12,700 宋の敗兵 女真人(満州) 漢人 蒙古人(30人)	4万人 高麗人(2500<兵10,000 水夫15,000) 宋人 遼(契丹)人 女真人 安南人, 蒙古人(140~150人)	10万人 南宋人 漢人 トルコ人 蒙古人
元の損害	13,500人死亡 200せき沈没	107,000人死亡 3500せき沈没	

元軍の構成

元が攻めてきた道

元が攻めてきた経路図

❸ 君たちは，日本が勝ったのは，神風＝台風によると言ったが，これを見てごらんなさい。……… 提示

そう言って，「元軍の構成」資料を提示する。この資料から，次のようなことがよみとれてくる。つまり，元は負けるべくして負けたということをよみとる。

- ・蒙古人が，ものすごく少ない。
- ・兵士のほとんどが，元にやっつけられた国の人→戦う気がない。
- ・船は，高麗や南宋が短期間につくらされたもの→本気で立派な船をつくったとは考えられない→おんぼろ船。
- ・元の人は，船のつくり方を知らないので，ボロ船を見ぬけなかった。

これで，相当にゆれているところに，「経路図」の資料を提示する。

- ・台風銀座といわれる所に，しかも，台風の時期に，1か月近くもいた→地理の勉強不足。
- ・食料や武器も，高麗や南宋が出した→よいものは出してない。
- ・大将たちの仲が悪く，互いに功をあせった。

18 武士が戦場で旗を持っているのはどうして？

要点 「長篠の戦」の絵は，どのくらいの内容を含んでいるかわからないくらい多くの内容を包み込んでいる。よむ人の力に応じて，少なくも，多くもその内容を見せてくれる。この絵で目立つのは，カラフルな戦場の旗である。これは鉄砲よりも目立つ。この旗はどんな役割をはたしていたかを問うことによって，当時の戦争のようすを浮きぼりにすることができる。この旗は，武士たちの「勤務評定」用に使われていたのである。これがわかると，「へえ？　こりゃおもしろい」ということになる。絵の見方が変わってくる。なお，屏風絵は，右から左へ見ていくのが正しい見方である。

授業の流れ

❶「長篠の戦」の絵で目立つものはなんですか。………**発問**

次ページのような「長篠の戦」の絵（教科書にも，資料集にも，必ず出ている。しかし，なるべく大きな掛図がよい）を提示して，「1575 年 5 月 21 日（新暦 7 月 9 日）午前 6 時からはじまった，武田の騎馬兵 1 万 5000 と，織田・徳川の連合軍 4 万との戦いである」ことを，まずとらえさせる。この合戦（戦国時代の戦争の呼び名）で，信長が 3000 丁の鉄砲を使ったことは，子どもたちも知っていることが多い。

次に，「さて，この長篠の戦の絵を見て，パッと目につくものはなんですか」と問いかける。

・たくさんの旗が見える。戦争にどうしてたくさんの旗が必要か？──敵と見方を区別するのだったら，こんなに必要ないのに──。
・よく見ると，武士たちは，背中や腰に旗をつけている。戦いにくいのにどうして「旗」をたてて戦うのか？

なかなか鋭い見方をする。やはり，旗が目につくようだ。

長篠の戦

❷ 両軍の後ろの地形はどうなっているでしょう。………発問

　教科書などに出ているのは，屏風の真ん中の2枚である。そこで，「武田方，織田方の後ろの地形はどうなっているでしょう」と問いかけ，両陣営とも，後ろ側が高くなっていることに気づかせる。

　子どもたちは，「地形と旗になんの関係があるのか」と問う。

　そこで，両陣営の高台の上に，1人ずつの人物の絵を描いて説明する。

❸ この人（軍目付）が高台の上から，戦いぶりを見るのです。
………説明

> ・遠いから，旗がないと目立たないのだ。
> ・旗で働きぶりを調べるのだ。

　それぞれに意見を口にする。

　「高台の上にいる人を『軍目付（軍奉行）』と言います。この人は戦いぶりを評価して，それをメモしておき，働きぶりに応じてほうびを出すのです」と言うと，「だから目立つように旗を工夫したのだ」と納得する。

　★旗に描かれた「家紋」について話してやると，いちだんと旗に興味をもつ。

19 火縄銃の有効距離はどのくらいか?

 「長篠の戦」で，集団で鉄砲が使われたことは，多くの子ども
が，聞きかじりで知っている。しかも，この絵（169ページ）
で2番目に目につくのは，やはり，鉄砲である。「この火縄銃の有効距離
がどのくらいか」と切り込むことによって，長篠の戦の合戦のあり方が，
リアルにとらえられるようになる。鉄砲を撃っている所から，撃たれてた
おれている所までのだいたいの距離がわかってくるからである。子どもた
ちは，数字におきかえると，具体的に理解する。「鉄砲の有効距離は80〜
100mくらいだった」と言うと，絵を見直す。

授業の流れ

❶ 旗の次に目につくものは，なんですか。……… 確認・発問

「長篠の戦」の絵を見て，まず，目につくものは「旗」である。

では，次に目につくものは，なにかと問いかけると，「鉄砲（火縄銃）」
という答えが圧倒する。

なかには，「先生，3000丁の鉄砲で戦ったんだよね」と言う子どももい
る。「3000丁の鉄砲」と板書しておく。

❷ この火縄銃は，どのくらいとんだでしょうか。また，有効距
離（よく命中する距離）はどのくらいでしょうか。……… 発問

「1000mくらい」「500mくらい」など，あてずっぽうで，まるでわか
らない。

「ふつうの火縄銃は，300mくらいとびました。ところが，有効距離と
なると80〜100mくらいでした。30m以内なら90%くらいの命中率でし
た」と言うと，「短い!」という声が出る。

「でも，弓にくらべたら，命中率は高いのじゃない?」という声もある。

そこで，弓の名人と当時の火縄銃の話をする。

情報 火縄銃と弓

　京都の三十三間堂は，長さ128mあるが，これを弓で射ぬいた人が何人もいたというから，弓の名人より当時の火縄銃の方が有効距離は短かったといえる。しかし，火縄銃は足軽が使えたのだ。

　こうして，絵の見直しがはじまる。
　鉄砲を撃っている所から，武田の武将が倒れているところまでは，だいたい100mくらいだとわかる。
　ゆさぶり開始。

❸ 鉄砲を3000丁も持っていたのに，どうして馬防柵をつくったのでしょう。……… ゆさぶり

・武田軍の騎馬兵がこわくて，鉄砲を撃てないから。
・騎馬よけの柵だ。馬がとまっているところを撃つとよく当たるから。

情報 馬防柵

　信長が馬防柵をつくった目的は，第一に，鉄砲を撃つ足軽たちの心を安定させ，第二に，騎馬兵が馬防柵に阻まれている間に撃てば命中率も高くなると考え，第三に，途中から雨になっても，馬防柵と壕と3倍の兵力があれば，勝てなくても負けることはないと判断したからだ。

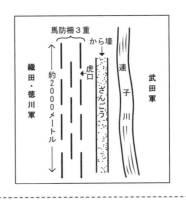

　この合戦の絵の見方が，ぐっと深くなってくる。手ごたえが出てくる。

20 長篠の戦は,「10秒の勝負」で あった?

要点 鉄砲隊の弱点は,次の発射まで時間のかかることである。これに対して武田の騎馬隊の強みは,敵陣を縦横にかけ回ることができることである。信長が勝つには,その弱点を利点にかえ,敵の騎馬隊がその強みを発揮できないようにすればよい。これを実施したのである。

授業の流れ

❶ 火縄銃の玉づめには,どのくらいの時間がかかったでしょう。……… 発問

「火縄銃は,火薬と弾丸を,銃口からつめます。これを玉づめと言います。玉づめには,どのくらいの時間がかかったでしょう」と尋ねてみる。

「けっこうかかったんじゃない?」と言うけれど,見当がつかない。

そこで,「名人といわれる人で,15〜20秒かかり,ふつうの足軽だと30秒くらいかかりました」と言って,「せーの」で「30秒」をはかってみる。長い。

「これじゃ,馬の方が勝ちだよ」などと言う。

「騎馬兵が,連子川の所までくるのに『20秒』かかったというから,武田軍の勝ちだよ」とまぜかえす。

・30秒と20秒の戦いだ。
・だから,馬防柵が必要だったんじゃないか。

しかし,信長が,3000丁の鉄砲隊を3つに分けたことは,あまりにも有名である。子どもたちも何人か知っている。それをもち出してくる。

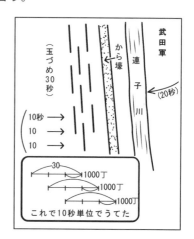

172

❷ どうして信長は，3隊に分けたのでしょう。……… 発問

○前の列が撃ったら，すぐ中の列が前へ出る。
○中の列が撃ったら，後の列が前へ出る。
○後の列が撃ったら，前の列が前へ出る。
　「10秒の勝負」の説明をする。3000丁の鉄砲を3隊に分けたのには，こんな緻密な計算があったとわかる。

> 情報 「10秒の勝負」
>
> 　武田の騎馬隊が，自軍陣地から織田・徳川連合軍の柵のあたりまで攻め込むのに「約20秒」要した。これに対して火縄銃の玉づめは「30秒」要したというから，「10秒」の負けである。
> 　このことを計算していたのか，信長は，3000の鉄砲隊を3隊に分けて撃たせた。このため，鉄砲隊は，「10秒単位」で撃つことができ，武田の騎馬兵より「10秒勝った」のである。
> 　つまり，長篠の戦は「10秒の勝負」であったのである。

❸ 信長は，お金で勝ったようなものです。……… ゆさぶり

　「3000丁の鉄砲を手に入れるには，たいへんなお金がかかったでしょう。お金で，信長は勝ったようなものです」と言って，鉄砲の計算をしてみる。

> 情報 3000丁の値段
>
> ○小型の6匁玉銃──米9石　1石6万円として，6万円×9＝54万円
> 　　54万円×3000＝16億2000万円
> ○30匁玉銃──米40石　6万円×40＝240万円　240万円×3000丁＝72億円となり，信長はこれだけの金をどうして集めたかという問題が出てくる。
> 　　　　　　　　　　　　　　　　　　　　　　　（窪田蔵郎『鉄の考古学』）

21 戦国時代の合戦は「雨天順延」?

要点 「長篠の戦」の絵を見ると,うす暗いので「天気が悪かったのではないか。もし,雨だったら,火縄銃の火が消えるので,武田方が勝ったのではないか。織田軍が勝ったのは,この日(1575年5月21日)は,晴れか,くもりで,雨ではなかっただろう」とよみとる子どもが出てくる。すばらしいよみとりだ。これに対して,「雨が降ったとしても,織田軍が絶対に勝ったはずだ」とゆさぶる。なぜなら,当時の合戦は「雨天順延」だから,雨だったら翌日に延ばす。だから,織田軍は勝つことになる,と。こんなおもしろいルールが戦国時代にあったなんて──と,合戦の見方が変わる。

授業の流れ

❶ 長篠の合戦は,1575年5月21日,午前6時にはじまりました。この日の天気は,晴れか,くもりか,雨か。……… 発問

子どもたちは,「天気がわかるの?」と驚きながらも考える。

> ・雨ということはない──もし,雨だったら,火縄銃の火が消えるので,織田軍は負けることになる。
> ・だから,晴れか,くもりだ。絵を見ると暗いので,くもりだろう。

❷ 雨が降っても織田軍が勝つ。……… ゆさぶり

「雨が降ったとしても,絶対に織田軍が勝ったはずだ!」
と言うと,子どもたちは,「そんなことはありえない」とくいさがる。

> ・信長は鉄砲で勝ったんだから,鉄砲が使えなきゃ負けるはず。
> ・いくら織田軍の数が多くても,武田の騎馬兵は「天下無敵」と言われるくらい強かったんだから──。

と,執拗にくいさがってくる。

情報 雨天順延

　当時の合戦は——「雨天順延」だった。そのため，雨が降ったとしたら，翌日に延ばすわけだから，織田軍は勝つべくして勝ったのだ。

　子どもたちは，「ウソ！」と言って，なかなか信じない。

　やがて，「それじゃ運動会と同じだ」と大笑いする。それでも，

・当時は，ルールを破る人はいなかったのかな？
・雨で敵が油断しているとき攻めれば，絶対勝つのに！
・何か，戦争じゃないみたい。あそびのような感じだ！

と，くいさがってくる。

❸ ルール違反の名人がいたのです。……… ゆさぶり

　「○○さんが言ったように，ルールを破る人がときどきいました。ルール違反の名人は？——織田信長ですよ」と言うと，「やっぱり，いたんだよ」と納得する。

情報 ルール違反

　信長は，桶狭間に今川義元が通りかかったとき，村人に義元を饗応させ足止めするように，忍者を使って指示した。これも作戦のひとつ。

　今川義元は，雨は降るし，饗応はあるしで，油断していた。そこを，信長は突然攻めこんだ。これしか，義元の大軍を破る手はなかったのだ。

　以後，信長は，こんなあぶない手は二度と使うことはなかったという。

❹ 武田軍がルール違反をしたら。……… ゆさぶり

　子どもたちは，「もし，武田軍がルール違反をして攻めたら，織田は敗れたでしょう」と言う。

　いや，それでも敗れないように，馬防柵を三重につくり，から壕をつくり，3倍の兵力を準備し，絶対に勝つべく手をつくして勝った，と話す。

　子どもたちは，ようやく納得する。

175

22 ふんどし一つの武士が戦っているのはどうしてか?

要点 合戦というのは，ちゃんと鎧をつけ，かぶとをかぶって戦うものだと思っている。子どもたちにはこういう固定観念がある。ところが，戦国時代の合戦の絵には，かぶとはかぶっているが鎧のない武士，鎧はつけているのにかぶとのない武士，はだしで槍１本しかもっていない武士，ふんどしだけの武士など，変な格好をした武士がいるのである。このことを発見させ，どうしてこんな格好をしているか調べさせる。すると，これは，前夜のバクチに負けてとられてしまったことがわかる。武将たちは，酒をのませ，バクチを奨励したという。おもしろい話だ。

授業の流れ

❶ 戦国時代の武士たちは，どんな服装で戦ったのでしょう。 ……… 発問

「長篠の戦」の絵を見ても，鎧・かぶとをつけているから，こんな格好で戦ったと思っている。

そこで，「ふんどし一つで槍をもって戦っている武士」の絵を見せる。

子どもたちは驚き，あきれる。そして，「これじゃ，死にに行くようなものだ」と言う。

❷ どうして，こんな格好で戦っているのでしょう。 ……… 発問

　　　　　・鎧やかぶとをぬすまれた。
　　　　　・鎧・かぶとを，お金がなくて買えなかった
　　　　　　──戦争でもうけてから買うつもり。
　　　　　・質に入れて，お金がなくて出せなかった。
　　　　　・暑いから，わざとふんどし一つになった。

などと，たのしく考える。

❸ ふんどし一つの武士は，バクチに負けて，鎧やかぶとをとられてしまったんです。 ……… 説明

戦いの最中でも，夜になると，バクチはさかんだった。大規模な戦いが続くと，バクチは大がかりなものになった。明日は死ぬかもしれないという考えから，かけ金は大きくなった。

お金をすってしまうと，武具や馬具をかけた。

このため，バクチに負けた武士は，チグハグな格好で戦わざるをえなかった。だから，戦場には，鎧のない者，かぶとのない者，刀のない者，ふんどしだけの者というように，変な格好をしている者が結構いた。

ふんどし一つで戦っている武士

❹ わかりきったことを聞くけどね。きちんと武装した武士と，ふんどし一つの武士は，どちらが強かったでしょうね。……… 発問

わざと「わかりきったことを聞くけど」ということを付け加える。子どもたちは，これにひっかかって，「きちんとした方ですよ」と答える。

❺ そういうだろうと思ったよ。実は，チグハグの武士の方が強かったのです。どうしてでしょう。……… ゆさぶり

・やけくそになって戦ったからじゃないか。バクチに負けて——。
・今度の戦いでなんとかもとをとろうと，必死になって戦ったから。

おもしろいことに，戦国の武将は，戦場で士気を高めるために，酒をたくさんのませ，バクチをどんどんさせた。負けた者ががんばって戦うからだ。さらに，かけるものがなくなったら，翌日の戦果を抵当にしてバクチをしたのである。

23 農民は合戦を「見物」したって本当?

要点 戦国時代の合戦中，農民たちはどうしていただろうか。ましてや，自分たちの田畑のある所で合戦が行われたときは——。農民たちは，3，4日分の食料となべやかまをもって山の上などにのぼりおにぎりなどをつくって食べながら，文字通り「高見の見物」をしたのである。どうしてこんなことができたかというと，「非戦闘員は殺さない」というルールがあったからである。農民を殺したのでは，新しい土地をとっても，耕す人がいなくなり，税収もあがらないからである。子どもを十分にゆさぶれるネタである。

授業の流れ

❶ 長篠の戦の絵を見ても，農民は見えません。農民たちはどうしていたのでしょう。……… 発問

・隣の村などに，避難していたのではないか。
・鉄砲の届かないくらいのところまで逃げていたのではないか。

子どもたちは，まさか「見物」などしていようとは思ってもいない。

❷ 農民たちは，逃げなかったのです。それどころか，山の上で見物していたのです。……… ゆさぶり・説明

そこでこのように言うと，

・そんなバカなことがあるもんか！
・見せものじゃあるまいし。
・よく殺されなかったもんだ！

などと反応し，納得できないようである。

情報 高みの見物

　農民たちは，3，4日分の食料と，なべやかまなどをもって，山など戦争のじゃまにならない所，しかも，安全な所へ行って，おにぎりなどをつくり，それを食べながら合戦見物をした。

❸ 実は，「非戦闘員は殺さない」というルールがあったのです。だから農民たちは安心して見物していたのです。 ………　ゆさぶり・説明

　このように告げると，「へえー，おもしろいルールだね」と言う。

　「先生，どうして，農民は殺さなかったの？」とついてくる。

　農民を殺したのでは，新しい土地をとっても耕す人がいなくなる。年貢もとれないからだ，と話す。

　子どもたちは，「芝居見物みたいなものだ」と笑う。

❹ 農民たちは，山の上から見物したのですが，目は何かを追っていました。いったい何を追っていたのでしょう。 ………　発問

などと言いながら，

> ・ただ見物してたんじゃないの？
> ・どうもおかしいと思ってた。

> ・どちらが勝つか見ていた——勝った方に応援するため。
> ・どの大将がやられるか見ていた。
> ・大将たちが，名前どおりの活躍をしているか見ていた。

などと言う。そこで，次のように話す。

情報 合戦でアルバイト

　農民たちは，なるべくよい鎧やかぶとをつけている武将が，どこでやられるか見ているのだ。合戦が終わると，農民たちは一目散に山をかけおり，目をつけていた武将の鎧やかぶとをはぎとって家へもち帰る。そして，あとで，それを売る。つまり，合戦でアルバイトをしたのだ。

24 「一寸法師」のモデルは誰か？

要点 「一寸法師」を知らない子どもが，ぽつぽつ出てきている。ぜひ読んでほしいお話である。このためにも，授業にとりあげたい。「一寸法師」の話には，「歴史性はない」と子どもたちは考えている。ただの物語だと思っている。ところが，この話は，戦国時代の「下剋上」そのものをあらわしている。小さな一寸法師が，都へのぼって手柄をたて，権力を手に入れ，天下をとるという話である。これは「下剋上」そのものである。そうして，「一寸法師のモデルは誰か」と問うことによって，豊臣秀吉，徳川家康，織田信長，斎藤道三などの武将をひき出し，この中で，誰がいちばんモデルらしいかと追究することによって，戦国時代の学習を進めることができ，子どもの考えをひっくり返すことができる。

授業の流れ

❶ 「一寸法師」のテープを聞かせ，歌わせる。……… 準備

❷ 今日は，「一寸法師」の勉強をします。あらすじを話しなさい。……… 掲示

1人か2人話させて，あらすじを確認する（もし忘れているときは，絵本を読んでやってもよい）。

❸ 今の話を大きく分けると，4つの場面になります。どんな順序に並べたらよいでしょう。……… 発問

と言いながら，4枚の絵（次ページ）を提示する。この絵で，すじをもう一度明確につかませる。そして，絵にキャプションをつけさせる。

❹ 一寸の人間がいるでしょうか。……… 発問

「一寸というのは，約3cmです。こんな小さい人間がいるでしょうか？
いないね。すると『小さい』ということは，どんなことを表しているのでしょうか」と問い，板書（183ページ）の①にあるようなことを引き出す。「けんかが弱い」「びんぼう」「位が低い」などということもある。

「小さい」ということは，経済力がない，地位が低い，武力が弱いということを表している。

❺ 一寸法師は，どんな願いをもって都へのぼったのでしょう。 ……… 発問

と問いかけて，板書の①のひっくり返しを願っていたのではないかと考えさせる。

「金もうけをしたい」「高い位につきたい」「強い武力がほしい」という願いを引き出す。

❻ 都へのぼった一寸法師は，鬼退治をしました。これは，何を表しているでしょう。 ……… 発問

　　　・悪人をやっつける
　　　・戦いに勝つ
　　　・武力が強くなった

これらは「手柄をたてる」ことを意味していることに気づかせる。

❼ 最後に，姫を嫁にしました。これは，どんなことを表しているのでしょう。 ……… 発問

これは少しむずかしいが，「出世，成功，天下をとる，権力を手に入れる，ほうびをもらった」などの考えが出てくる。

〈小さな体〉

〈都へのぼる〉

〈鬼退治〉

〈姫を嫁にする〉

❽ 一寸法師の願いは，どんな人たちの願いでしょうか。……… 発問

> ・ずっとおさえつけられていた農民の願いでは
>   ないか。
> ・位の低い武士が，なんとか高い位につきたい
>   という願い。
> ・おちぶれた将軍が，大きな力をもう一度もち
>   たいという願い。
> ・商人の願い──なんとか大もうけしたい。
> ・僧の願い──高い位につきたい。

　どれも，本当らしく思える。ということは，多くの人びとが，それぞれ
の願いを，この話の中に入れていったのではないか。

❾ これをなんという言葉で表すでしょう。……… 発問

　「一寸法師は小さな体から，姫を嫁にするまで，大きく出世をしました。
このように，小さなものから大きく，弱いものから強い人へ，位の低い人
が天下をとるようになることを，なんということばで表しているでしょ
う」と問う。

　このあたりまで学習してくると，どんな学級でも「下剋上」ということ
ばが出てくる。

❿ 下剋上というのは，何時代のことでしょう。……… 発問

　下剋上がわかるくらいだから，この発問をしなくても，「戦国時代」と
いうことが出てくる。

　子どもたちは，「一寸法師は，戦国時代のことを表しているのだ」と驚
きの声と喜びの声をあげる。これで満足させたのではいけない。

⓫ では，一寸法師のモデルは，誰だと思いますか。……… 発問

　さすがの子どもたちも，この発問には驚く。

　そして，「一寸法師にモデルがいるの？」と問い返してくる。

　秀吉がいちばん多い。ついで家康，信長，道三，光秀などが出てくる。

⓬ この中で，誰がいちばんモデルらしいか調べてみましょう。

　戦国武将について調べるように導く。そして，……… 活動

　「最後に，おまけのおたずねをします。これはわからないと思うが──。

下剋上のようなことができた時代は，戦国時代のほかにはないのだろうか」と問いかけてみる。

　これはむずかしい問いである。

　しかし，クラスによってはおもしろい見方が出てくる。

情報　下剋上の時代

　明治維新や太平洋戦争後は，一種の下剋上の世の中だった。また，経済界などは，戦後ずっと下剋上という感じである。

　今や世界中が下克上の世の中という感じである。

　子どもたちは，「こんなおもしろい学習はない」と言う。

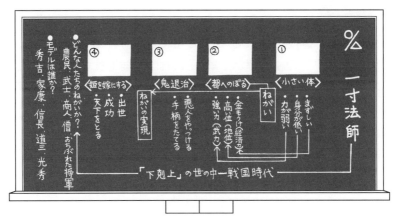

一寸法師の授業の板書

25 検地の絵は「下田」か「下下田」か?

要点 検地の絵は，どの教科書・資料集にも出ている。しかし，絵は多少のちがいがある。次ページに出ているようなものがよい。なぜなら，多くの内容を含んでいるからである。この絵を見せて，検地をしていることをわからせた後に，「この田は，上田（じょうでん），中田（ちゅうでん），下田（げでん），下下田（げげでん）のうち，どれか」と切り込む。子どもたちは，まわりのようすなども検討しながらよみとっていく。そうすると，この1枚の絵が，実に新鮮なものに見えてくる。そして，この絵にぬけているものまで気づいてくる。

授業の流れ

❶ 検地の絵からわかることを書きなさい。……… 提示・指示

「検地のようす」の絵を提示して，「これは，検地をしているところです。わかることをノートに書きなさい。できるだけたくさん見つけて書きなさい」と指示する。

- 面積を測っている──今と同じように，「たて×よこ」で測っている。
- いろんな道具を使っている（**杖，寸尺，十字，簑（わく），また棒，細見（さいみ），梵天（ぼんてん）**の七種類──つまり，七つ道具）。
- 山のふもとみたいな所で，あまりいい田ではなさそう。
- 湿田のような感じ──黒いスジのようなものが入っている。

結局，検地というのは，「土地を調べて，土地の所在地，面積，種別，等級などを検地帳に記入すること」だとわかる。

「税をきっちりとるためだ」ということもわかる。

❷ ここで測ってる田んぼは，上田，中田，下田，下下田のどれでしょう。……… 発問

子どもは，もう一度絵を見直しながら考え，すごいよみとりをする。

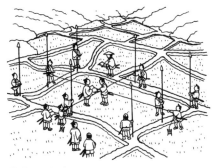

検地のようす

・用水路がない──田んぼから田んぼへ、水が
　流れ込もようになっているのだろう。
・田んぼが段々になっている──この田も、山
　のふもとにあって、棚田のようになってい
　る。棚田になっている所が、上田や中田では
　ありえないから、「下田」だろう。
・山のふもとにある──山のわき水で、つめた
　いはず。つめたければ米がよくできないの
　で、「下田」だろう。
・日あたりが悪い──米つくりにたいせつな日
　あたりがよくない。山のふもとにあり、日照
　時間が短いはず。
・田んぼのあぜ（畔、くろ）が、くねくねと曲
　がっている。上田は、まっすぐで長方形か正
　方形が多いはず。
・イネを刈り取った後の切り株がぎっしりなく
　て、まばらである。株のない所もある。これ
　はできが悪いことを表している。
・湿田みたいだから、下田だろう。
・盆地のようだから、日照時間が短く、気温が
　低いのではないか。

❸ **この絵には、とても大事なことが抜けています。どんなこと**
　でしょう。……… 発問

　子どもが気づかないときは、教師からこの発問をする。

・田んぼを広く測るか、狭く測るか、測り方に
　いちばん関心のある農民がぬけている。測り
　方を見にきていないのはおかしい。
・農民が反対したらしいから、今の機動隊のよ
　うな人がいたのではないか。

185

26 江戸時代に「交通事故」は あったか?

要点 江戸時代の交通手段は, 牛, 馬, 人力の3つである。3つとも, そんなにスピードが出るものではない。だから, 馬にけられるとか, かまれるくらいのことはあったかもしれないが, 交通事故というほどのものはなかったと, 子どもたちは考えている。大人でも, こう考えている人が多い。ところが, 江戸時代も中ごろを過ぎると, 交通事故がふえた。困った幕府は, 厳罰主義に方針を変え, なんとか交通事故を減らそうとした。これは, 子どもの意表をつくし, 身近な問題でもあるので, 子どもものってくるネタである。

授業の流れ

❶ 現代の交通機関を挙げなさい。⋯⋯⋯ 指示

バス, タクシー, 電車, 飛行機, 船, トラック, モノレール, 自動車, 自転車, バイク, スクーター, フェリー等々, たくさんある。

たくさんの交通機関があることをおさえておいて, 発問する。

❷ 江戸時代には, どんな交通機関があったでしょう。⋯⋯⋯ 発問

馬車, 牛車, 馬, 牛, かご, 船くらいであることに気づく。

これらで, トラック役, タクシー役, フェリー役をこなしていたことに気づかせる。

江戸時代の交通機関は, みんなスピードが出ないことをおさえておく。

❸ 江戸時代に, 交通事故はあっただろうか。⋯⋯⋯ 発問

子どもたちは, 「あるわけがない」という。スピードが出ないのだから, 事故は起こらない, と言うのである。そこで, ゆさぶりをかける。

❹ スピードが出なければ, 交通事故は起こらないのだろうか。

⋯⋯⋯ ゆさぶり

「接触事故くらいあったのかな」とゆれてくる。
そこで，次の資料を提示する。

情報 江戸時代の「道路交通法」

　牛馬については，
○監督なしで，引いてはいけない。
○2頭以上続けて引くときは，役所にとどけること。
○牛を休ませるときは，通行のじゃまになる小道に止めてはいけない。
というきまりがあった。

　「道路交通法」があったということは，交通事故があったということである。
　子どもたちは，「どんな事故があったか」と，調べはじめる。
　そして，死亡事故なども，けっこう起こっていることがわかって驚く。
　交通事故は，江戸時代も中ごろになると，しだいにふえてきていることがわかってくる。そこで，視点を移して尋ねてみる。

❺ **幕府は交通事故をとりしまったり，罰したりしなかったのだろうか**。⋯⋯⋯ 発問

　事故がこれだけふえれば，取り締まりをし，罰をきびしくしたのではないかと考える。

情報 江戸道交法の刑罰

○江戸時代も，はじめのうちは，罰しない方針であった。
○事故が多くなったので，吉宗の時代になると，「厳罰主義」になった。
　例えば，車にひっかけて死なせた場合──ひいた車輪側にいた車引きは死罪，反対側にいた車引きは島流し。その上，荷主に重い罰金。車引きに家を貸した家主にも罰金がかけられた。

27 「ずいずいずっころばし　ごまみそずい」の歌の本当の意味は？

要点　この歌は，誰でも知っているが，意味はほとんど知らないといってよい。この歌は，江戸の将軍がのむお茶（宇治でとれた一番茶）を，宇治から江戸へ運んだのを風刺した歌である。このお茶を運ぶ行列は，大きな権力をもち，その力は大名以上であった。中央のカゴに茶つぼをのせ，前とうしろを警備の役人がとりまいていた。総勢400人を超える大行列であった。庶民たちは土下座し，子どもたちは閉じ込められた。だから，街道すじの人びとは，たいへん迷惑した。それをわらべ歌にたくして風刺したのである。この歌の本当の意味を追究させることによって，江戸時代の身分制度のきびしさがクローズアップできる。

授業の流れ

❶ ずいずいずっころばし……の歌詞を，ノートに書きなさい。

指示し，教師は黒板に書く。　　　　　　　　　　　········· **指示**

書きあげたら，歌わせる。なるべくたのしく歌わせる。そして，たのしい歌だと思わせておく。

> ♬ずいずいずっころばし　胡麻味噌ズイ
> 茶つぼに追われて　トッピンシャン
> 抜けたらドンドコショ
> 俵のねずみが米くってチュウ
> チュウ　チュウ　チュウ
> おとさんがよんでも
> おかさんがよんでも
> 行きっこなーしよ
> 井戸のまわりでお茶わんかいたのだぁれ

188

❷ この歌の意味は，どんなことでしょう。………発問

　子どもたちは，ハッとしたように考えるが，わかりっこない。

　そこで，話してやる。

　童歌の常として，細かいところの意味は不明だが，だいたいの意味は，
次のようなことである。

情報 **茶つぼの歌の意味**

　　これは，お茶つぼ道中を風刺した童歌である。お茶つぼ道中というのは，
毎年，新茶の季節になると，将軍がのむお茶を，宇治まで受けとりにいく行
列のこと。

　　このお茶つぼ道中が通りかかると，子どもたちは，蔵などに閉じ込めら
れ，戸をピシャンとしめられた。なぜかって？　子どもが行列に変なことで
もしたら，切り捨てられるからだ。

　　「お茶つぼ道中が通りぬけたら，ドンドコショと大いにさわぎましょう。
それまでは，ネズミが米を食っていても，お父さんやお母さんがよんでも，
声を出したり，出てきたりしてはいけませんよ」

　　つまり，お茶つぼ行列が，いかにこわいものであるかを，子どもに教える
歌なのである。

---

❸ お茶つぼ行列を，どうしてこんなにこわがったのでしょう。

………発問

　おとなたちは，お茶つぼに土下座したり，街道すじのそうじをしたり，
髪の手入れや，軒先の整理までさせられた。

　ここに，江戸時代の「身分制度」のきびしさをみることができる。

　将軍がのむ「お茶」に対して，あがめ，たてまつらなければならない世
の中だったのである。身分制度を守らなければ命があぶなかったのであ
る。

28 江戸時代の旅人が「七ツ立ち」したのはなぜか？

要点 江戸時代は，庶民，つまり，農民や町人などが旅に出るときは，「お江戸日本橋七ツ立ち」とうたわれたように，午前4時頃，宿場を出発した。このことを子どもに知らせると，「どうしてそんなに早く出発したの？」と，必ず質問してくる。これに対する予想を言わせておいて，次の「情報」を知らせると，子どもたちは驚く。江戸時代の旅のイメージが描けるネタである。

情報　七ツ立ち

　夕方早く次の宿場に入り，宿のいちばんよい部屋をえらび，部屋の中のいちばんよい場所をとるためであった。なぜなら，当時は相部屋で，何人もの見知らぬ旅人が同じ部屋に泊まったからである。しかも，料金が同じ。
　次に，一番風呂に入るためであった。

授業の流れ

❶ 江戸時代に旅人は，朝，何時頃出発したでしょう。………**発問**

　　　　　　　　　　　・電気がなかったから，夜が明け，日がのぼりはじめてから。
　　　　　　　　　　　・夜明けとともに出発して，日暮れとともに，宿に入った。
　　　　　　　　　　　・目的によってちがった──急ぐ旅は早く出発し，ゆっくりした旅は，おそく出発した。

❷ 「お江戸日本橋七ツ立ち」という歌をきいたことがあるでしょう。江戸時代は「七ツ」に出発したのです。今の何時頃でしょう。………**発問**

　　　　　　　　　　　・朝，7時でしょ。
　　　　　　　　　　　・6時頃じゃない？
　　　　　　　　　　　・午前5時ごろだよ，きっと！

「実は，『七ツ』というのは，午前4時頃のことです！」と言うと，「ええ？　どうしてそんなに早く出発したの？」と，必ず問い返してくる。

❸ 江戸時代の人びとは，どうしてこんなに早く出発したのでしょう。……… 発問

> ・日中は，暑いからじゃないか――「冬はちがうじゃないか」の声。
> ・夕方は，泥棒やおいはぎなどが出るから，朝早く，たくさん歩いた。
> ・昔の人は，早起きだったから。そのかわり，夜は暗くなるとすぐ寝た。
> ・江戸時代の決まりで，朝早く出発しなければならなかったのではないか。

予想が出たところで，
「次の宿場に早く入り，宿のいちばんよい部屋をとるためです」
と言うと，「料金が高いじゃないか」と言う。料金は同じことを告げると，
「それなら，いい部屋をとった方がもうけだ」と言う。

❹ いい部屋とはどんな部屋でしょうか。……… 発問

追究すると，「新しい部屋」「景色のいい部屋」などと言う。
「いちばんいい部屋の，いちばんいい場所をとるためです」と教えると，
「どうして？」と身をのり出してくる。
ここで，「相部屋」であったことを説明する。子どもは驚き，「団体旅行と同じだ」と言う。

さらに，「早く出発する3つ目の理由は，一番風呂に入ることです」
と言うと，「へえ？」という。ここで「今の風呂とちがって，水の不便な所など，何日も水をかえなかったり，水を入れかえる量を加減するので，後から入ると，水が少なかったり，ときには水がくさかったりすることがある」ことを話す。
子どもは，意表をつかれて，じっと聞き入る。

29 大名行列は, どのように行われていたのか?

要点 　大名行列は, 家光の頃完全に制度化されたが, 実際にはそれ以前から行われていた。大名行列の絵を見て, 季節やきびしい身分制度など, 多くの内容が含まれている。この絵1枚で江戸時代を学習できるほどの内容が含まれている。ここでは, ポイントになることのみを学習することにする。例えば, 「切り捨てご免が本当にあったのか」「大名行列はいつ行ったのか」といったことを学習する。以後の学習の基礎になることである。

授業の流れ

❶ この絵は, 何時代のことを描いていますか。……… 提示・発問

　大名行列のイラストを印刷して配布し,「この絵は, 何時代のことでしょう」と問う。

・江戸時代のこと
・大名行列
・参勤交代

❷ この大名行列は, 春夏秋冬のいつでしょう。……… 発問

| ・春 ・夏 ・秋 ・冬

❸ 大名には，3種類ありました。3種類の大名の名前を調べて，漢字で書きなさい。……… 指示

> |・親藩　　・譜代　　・外様

❹ この絵は，親藩・譜代・外様のどれだと思いますか。……… 発問

いわゆるカンで3つの大名が出てくる

❺ 道の端に座っている人は，何をしているのでしょう。これを何と言いますか。……… 発問

> |・土下座

以前の6年生はすぐにこの言葉が出ていたが，だんだん出にくくなっている。この言葉を知らない子どもが多くなっている。国語辞典で引かせて，確かめさせることだ。

❻ 土下座をしているということは，どんなかけ声をかけていたでしょう。……… 発問

> |・下に下に

この言葉も知ってる子どもが少なくなっている。これからが本番だ。

❼「下に下に」とかけ声をかけて行列してよかったのは，3種類の大名のどれでしょう。1つだけです。……… 発問

3つに分かれる。
実は親藩だけである。譜代・外様はかけてはいけなかったことを教える。

❽ 譜代と外様は，どんなかけ声をかけていたでしょう。……… 発問

> |・のいた　のいた　　　・さがれ　さがれ
> |・じゃまだ　じゃまだ
> |・片寄れ　片寄れ　　　・あけろ　あけろ
> |・ひかえろう　ひかえろう
> |・無言

どれが本当らしいか，と続けると，「片寄れ，片寄れ」だと言う。

つまり，土下座でなくて，道の端に寄ればよかったのである。道幅が広い所で4mくらいだから片寄るのもたいへんな狭い道幅である。18世紀，東海道は1年に200万人の旅人が通った。いちいち土下座などしていられなくなったのだ。

❾ 3種類の大名は，いつ大名行列することになっていましたか。

.... 発問

┌─ 情報 大名行列の時期 ─┐

　親藩は3月，譜代は6月か8月，外様は4月　と武家諸法度に決められ
ていた。

★ここで「あっ！」という声が出るようだとよいのだが，なかなか出ない。

　土下座していた→親藩→3月　ということがわかれば，大名行列の絵
は「春3月」ということがわかる。このイラストのポイントは，土下座
があるかないかである。なければ，譜代か外様である。イラストには，見
るべきポイントが必ずある。これを指導することだ。決め手になるのだか
ら。

　　・大名と大名が狭い街道で出会ったらどうする
　　　か。
　　・大名行列のスピードは普通の旅人より速かっ
　　　たか遅かったか。

等々，ものすごく多くの「はてな？」が出てくる。ここでは2つのこと
を学習する。

❿ この行列の中に女はいたでしょうか？ .... 発問

　　・出女入鉄砲といわれていたが…。
　　・女は足手まといになるからいないのでは。
　　・今は女の方が強い。男の方が足手まといにな
　　　っている。

　結局いなかったということになる。正解である。

⓫ 行列を横切ったらどうなったでしょう。 .... 発問

　　・切り捨てご免

情報　切り捨てご免

徳川11代将軍家斉の第53子（53人の子どもがいた）の松平斉宣は，明石藩の養子になり，藩主大名となった。まだ10代の大名である。ある時，参勤交代のため木曽路を通過したとき，猟師源内の3才の子どもが行列を横切った。おそれ多くも将軍の子どもである自分の行列を横切ったとあってはただではすまされない。

　夜になって本陣へ村の名主や坊主や神主まで，「まだ3才の幼児である。どうか許してほしい」ともらいさげにいった。しかし，大名は幼児を斬って捨ててしまった。

　さあ，おさまらないのは御三家の尾張家である。自分の藩民を斬り捨てるとは許しがたい。まだ3才ではないか。明石藩の乱暴は捨てておけないと，早速明石藩に使者を送り，「先日のごとき理不尽を働らかるるにおいては，今後当家の領土を通行ご無用である」と申し送った。

　明石から江戸に行くのに尾張家の領地を通らないわけにはいかない。それでしかたなく，行列をたてず，町人か農民のようなかっこうで天下の大道を通行しなければならなくなった。五街道や脇往還は，天下の大道といいながら，大名領内を通る道は，大名の領地の一部である。その土地の大名とけんかしては通行できない。尾張家よりおさまらなかったのは，子を殺された親である。「おのれ兵部大輔」と，猟師源内は鉄砲をもってひそかに機会をうかがっていた。1844年6月2日，馬鹿殿は木曽路の露ときえたのであった。
　　　　　　　　　　　　　　　　　　『参勤交代』講談社現代新書による

　「切り捨てご免」といいながら，やはり，人の命は大切にされたのである。行列中仲間同士でけんかになり，1人が相手を切り殺した。この切った男は，宿場で切腹を命じられた。こんな例もある。

**⓬ しかし，行列を横切ってもよいある職業の人がいました。ど
んな職業でしょう。**………　発問

・火消し─急がないといけないから
・医者
・猟師─動物を追っているから

実は，産婆さん，助産婦さんです。
江戸幕府も人命を大切にしていた証拠です。

195

30 大名行列の時期は決まっていたか?

要点 子どもたちは，大名行列は，年中行われていたと思っている。この認識を変えるのに，このネタは適している。大名行列，つまり，参勤する時期は，幕府から決められていた。譜代大名は6月か8月。外様大名は東西に分けて毎年4月に交代させた。尾張・紀伊の親藩は3月。関八州の大名は在府在国が各半年で2月と8月。遠隔地である対馬の宗氏は，朝鮮使節の応接もあるので3年に1度。蝦夷地福山の松前氏は5年に1度として，江戸および街道の混雑を調整したのである。水戸家は常時江戸詰めであった。また，参勤交代の道すじも決められていて，かってに京都に寄るなどできなかった。

授業の流れ

❶ 参勤交代の時期は決まっていたでしょうか。 ……… 提示・発問

大名行列の絵を見せながら，「大名行列する時期は，決まっていたでしょうか」と問う。

> ・決まっていないのではないか。それぞれの家の都合のよいときに参勤交代をした。
> ・南の方の大名は，暑くならない時期をえらび，北の方の大名は，雪のない時期をえらんだのではないか。
> ・春の花のきれいな時期とか，旅行気分になるときをえらんで参勤交代をしたのではないか。

なかなかうがった見方をする。考え方がおもしろい。これをゆさぶるのもおもしろい。

❷ みんなが同じ時期，例えば桜の花の咲く頃に参勤交代したら，街道が混雑してたいへんじゃないかな。 ……… ゆさぶり

・日本は，南北に長くて，桜の時期がちがうの
で，ちょうどいいくらいにズレるのではない
か。
・大名というのは，テレビを見てると，けっこ
うヘソまがりがいるので，人と同じ時期には
やらん，というのがいたと思う。だから，混
雑しない。

❸ 外様大名の参勤交代はいつだったでしょう。……… 発問

　「君たちはそう言うけど，幕府は，時期を決めていました。いちばん多
い外様大名の参勤交代の時期は，いつだったでしょう」と尋ねると，「決
まっていたの？」と言いながら，あれこれ予想するがわからない。そこ
で，資料を提示し，説明する。

　子どもたちは，やはり，「冬の寒い時期はさけている」と，予想どおり
だったことを喜ぶ。そして，やはり混雑したのかな，と言う。

月	1	2	3	4	5	6	7	8	9	10	11	12
参勤交代の大名		関八州の大名	紀伊・尾張（親藩）	外様大名		譜代大名		譜代大名・関八州の大名				

❹ 時期は決められていました。では，通る道も決められていた でしょうか。……… 発問

　子どもたちは，「時期を決めるくらいだから，道も決められていただろ
う」と考える。そのとおりである。

31 大名行列中，殿様がトイレに行きたくなったらどうしたか？

要点 参勤交代の大名行列は，トイレも止まってしないほど急いだ。本陣出発は午前4時で，本陣に入るのは午後8時という強行軍で，1日に進む距離をかせぎ，少しでも費用を少なくしようと努力した。これらのことを，「殿様がトイレに行きたくなったらどうしたか」というネタで，おもしろくとらえさせることができる。

授業の流れ

❶「大名行列」の絵からわかることを書きなさい。……… 提示・指示

「大名行列」の絵（掛図でよい）を提示して，「これは大名行列の絵です。これを見てわかることを，できるだけたくさんノートに書きなさい」と指示する。

近くの子どもと相談したり，調べたりしてもよいことにする。

ノートにしたものをもとに，大名行列について発表させる。

子どもたちの発表が一段落した頃を見はからって，問う。

❷ 大名行列中，殿様がトイレに行きたくなったらどうしただろうか。……… 発問

子どもたちは，はっとしたように，積極的に考えはじめ，予想する。

- 幕を張って，家来が角をもち，その中でする。場所は野原や山の中が多いだろう。終わったら土をかける。
- 農家のある所まで急ぎ，そこで便所を借りてする。つまり，「借り便」。
- 殿様の乗るくらいのかごだから，お尻のあたるところにしかけがあって，ちょっと引っ張ると穴があくようになっていて，そこからする。つまり「たれ流し」（これを国鉄——今のJRが引き継いだ？）。
- 「厠かご」（トイレットカー）があって，それに乗り移ってする。
- 次の宿場までがまんする。殿様は，がまん強くしつけられていた。

いつの間にか，大名行列の見直しがはじまっている。参考書を開きはじめる。しばらくすると「厠かご」があることがわかり，歓声をあげる。

と同時に，大名行列の絵をもう一度見直し，厠かごがどこにあるか一生懸命さがす。1つの行列に，かごが3台くらいあることに気づき，あとの1台は何に使うものか，という新しい問題が出る。

情報　厠かご

殿様のかごに「厠かご」をドッキングし，殿様は厠かごに乗り移ってトイレをする。その間，かごはドッキングしたまま同じスピードで進む。殿様がもとのかごにもどると，厠かごはまた後にさがって，行列に入って進む。

子どもたちは，大名行列にトイレまで持って行っているのに驚く。同時に「他にどんなものを持って行ったのか」という問題が出てくる。

殿様は，動くかごの中で用をたすときは，さぞ窮屈だっただろう，と子どもたちは同情する。そこを見はからって，ゆさぶりをかける。

---

❸ 殿様は，どうして止まってトイレをしなかったのだろう。トイレくらいゆっくりすればよいのに。………ゆさぶり

子どもたちは，次のような考えを出してくる。

> ・止まってはいけない──という決まりがあったのではないか。
> ・急がなくてはいけないことがあったのではないか。
> ・ふだんでも，このようにトイレをする習慣が殿様にはあったのではないか。

予想が出たところで調べはじめる。そして，少しでも経費を節約するためであったことがわかってくる。経費節約のため，行列必需品をすべてレンタルですませる大名も出てきたことを補説する。

32 大名が「民宿」に泊まったって本当?

要点 大名行列というのは，大きな団体旅行である。今でも，これほど大きい団体は修学旅行くらいで，一般の人にはめったにない。1団体が，少なくても100人，加賀藩のような大きな藩になれば2000人にも達したというからすごい。大名は本陣に泊まるが，家臣はいくつかに分かれて，一般の旅籠（はたご）に泊まる。旅籠が不足すれば，一般の民家を宿とした。つまり「民宿」である。大名行列も，安いこともあってけっこう「民宿」を利用したようである。子どもたちは「まさか」と思っているから，ひっくり返しにもってこいのネタになる。

授業の流れ

❶ 大名行列のとき，大名（殿様）は，どこに泊まりましたか。

.... 発問

「そりゃ，旅館に泊まったでしょう」と言う。

旅館にはちがいないが，大名が泊まる旅館のことを「本陣」と呼ぶことを教える。

情報　本陣

本陣は，1つの宿場に1つとは限らず，東海道五十三次には111の本陣があった。なかでも，箱根や浜松には6軒も集中していた。本陣に泊まれる資格があるのは，勅使，院使，親王，門跡，公卿，大名，旗本であった。

本陣不足の場合のために，脇本陣もあった。これが東海道には73あった。

小諸の本陣（小諸市教育委員会提供）

---

❷ 大名の宿泊料は決まっていたでしょうか。……… 発問

子どもたちは，「決まっていて，かなり高かった」と言う。

┌─ 情報 **宿泊料は無料** ─────────────────────┐

　ところが，参勤交代は「軍旅」であることから，建前上は「無料」であっ
た。しかし，大名は「祝儀」の名目で，3〜5両程度おいていった。つまり，
安くはなかった。

└────────────────────────────────┘

❸ 大名（殿様）は本陣に泊まったけど，家来たちは，どこに泊まったのでしょう。……… 発問

・家来たちは，ふつうの旅館（つまり旅籠）に泊まった。

❹ 旅籠がいっぱいのときは，どうしたでしょう。……… ゆさぶり

・大名行列は，時期が決まっていたのだから，予約していたんじゃないですか。
・時期が同じなので，予約できないこともあったのでは？

★旅籠がたりないときは，なんと「民宿」に泊まったのです。

と言うと，「ウソ！」「そんなバカな！」と，にわかに信じがたいという。
そこで，次のような話をする。

┌─ 情報 **民宿に泊まった** ─────────────────────┐

　1832年，和歌山藩の参勤交代では，近江鳥居本の本陣を利用した。家来
たちが泊まった宿は，なんと156軒に及んでいる。
　鳥居本では，旅籠が54軒しかない。したがって，102軒が「民宿」だっ
たのだ。当時，鳥居本の全戸数が260軒だから，40％近くの民家が宿を引
き受けたことになるのである。
　子どもたちは，「へえ！」と驚きながら聞いている。おもしろい，おもし
ろいと言う。

└────────────────────────────────┘

33 大名行列の供人や持ちものはレンタルですませた？

要点 　江戸時代の大名に課せられた大きな仕事は，参勤交代であった。この参勤交代には「軍旅」という意味がある。大名が泊まる所を「本陣」と呼んだのも，文字どおり，合戦のときに大将が陣を張る所を言ったことによっている。「軍旅」だから，日常の必需品，例えば，食料，膳，椀，布団，風呂桶，漬けもの樽まで持っていくのが当然であった。しかし，これでは，供人が何人いても足りない。そこで，寛永（1624 — 44 年）を過ぎると，簡略化して，参勤交代に必要なものを，すべてレンタルですませる大名が出てきた。こんなことは考えられないことだけに，子どもの考えをくつがえすよいネタになる。

授業の流れ

❶ 大名行列のとき，どんなものを持って行ったでしょう？　調べてノートに書きなさい。……… 指示

指示して，調べさせる。

・食料，膳，箸，椀，調味料，漬けもの樽
・衣類，下着類，布団。
・風呂桶，水までもって行った例もある。

とにかく，引っ越し同然であることがわかってくる。

「これだけ持って行ったんじゃたいへんだ。持って行く人もたくさん必要だ」ということに気づく。

供人や持ちものはすべてレンタルかも

❷ 持って行くから，人もたくさんいるし，物もたくさんいる。持って行かないで借りたらどうだろう。……… ゆさぶり

- 大名にお金をつかわせるために参勤交代させたのだから，借りたのでは幕府からおこられるんじゃないか。
- こんなもの貸す人がいないでしょう——江戸時代に。

「それが，ちゃんと貸す人がいたんだよ。だから，レンタルですませる大名が出てきたんだよ」と言うと，一様に驚く。

情報 レンタルの証拠（佐賀鍋島藩の例）

藩内は，百姓を足軽・中間として，武家奉公人の格好をさせて，供の行列に加え，「威風堂々」と進む。隣の領地との境に来ると，百姓はすべて帰してしまう。そして，必要最小限の人数で江戸まで行く。江戸に入る直前に，人足を雇い，道具を借り，行列の「威儀」を正してから，江戸藩邸に向かう。

江戸近郊から江戸藩邸まで，必要なものはいっさいレンタルですませたのである。これはすべて，経費節約のためである。

この件については，藩も記録に残していないので，研究が進んでいない。

〔佐賀鍋島藩の年間予算〕

大名行列費 18%　江戸屋敷の支出 28%（江戸には 350 余人の家臣と使用人がいた）　大阪天満の蔵屋敷 4%　長崎警固番の費用 2%
国元の費用 48%

34 大井川に橋をかけなかったのはなぜか?

要点 「箱根八里は馬でも越すが，越すに越されぬ大井川」と，歌にも歌われたように，大井川は東海道の代表的な難所であった。江戸幕府は，「西国大名の攻撃に対して，江戸を守るため，わざと橋をかけなかった」といわれている。しかし，橋をかけなかったのは，「橋をかけさせなかった人がいた」ためであることをつかませることによって，橋のない大井川の見方を変えることができる。

授業の流れ

❶ 江戸幕府は，「西国大名の攻撃に対して，江戸を守るためにわざと橋をかけなかった」と言われているが，本当でしょうか。……… 発問

子どもたちはさまざまに考える。

・江戸から大井川までは，ものすごく離れているからおかしい。
・大井川は大きな川だから，橋をかける技術がまだなかったのではないか。
・橋をかけるだけの技術がなかったので，江戸を守るためとか言って，ごまかしていたのではないか。

❷ 「橋をかける技術がなかったのか」それとも「技術はあったのに橋をかけさせなかったのか」ということが問題になりました。……… 確認

問題が煮つまったところで，ゆさぶり開始。

❸ 橋をかけようとした幕府に，反対する人びとがいたのです。……… ゆさぶり

江戸幕府は，一度大井川に橋をかけようとして設計図を描いたのです。ところが，橋をかけることに反対する人びとがいたので，かけなかった

のです。いったい，誰が反対したのでしょうか。

　子どもたちは，「幕府が橋をかけようとしたのに，けしからん」などと言いながら，誰が反対したのか考える。

　「橋がない方がもうかる人が，反対したのであはないか」というところに目をつけ，島田・金谷両宿場の人びと，約 800 人の川越人足，川会所<ruby>かいしょ</ruby>の役人（役得があったのではないか）などが反対したのではないかと予想する。

　そして，参考書で調べる（資料はいろいろある）。

❹ この人たちは，どのようにして反対運動をしたでしょう。……… 発問

　最初は，署名運動とか，デモ行進とかいっていたが，江戸時代にこんなものはなかっただろう——ということになり，別のことを考える。

情報 ワイロで反対運動

　反対する人びとは，川会所の役人や，幕府の役人に対して，ワイロをつかって，橋をかけさせない運動を展開した。金額はわからない（性質上不明）が，相当な額にのぼっただろうといわれている。

　幕府も，反対運動はあるし，橋がない方が江戸を守るにも都合がよかったので，橋をかけないことになったのである。

---

❺ 東海道の，すべての川に橋がなかったのでしょうか。……… 発問

　このように問うと，「そんなことはありえない」と即座に言う。

　「橋をかけた方がよい所と，かけない方がよい所があったはずだ」と考える。

・東海道でも，富士川と天竜川は「船」で渡した。

・大井川と安倍川には船がなく，「川越不足」の肩車で渡してもらわねばならなかった（人足のかせぎ場が決まっていた）。

・安倍川は，水が少ないときは，1 人でかってに越してよかったが，大井川はどんなに少ないときでも，1 人越し，かって越しはできなかった。

35 静岡がお茶の特産地になったのは大井川に橋がなかったから!

要点 大井川に橋がなかったために，静岡県はお茶の特産地になった。享保年間（1716 — 36 年）の記録によると，「大井川は，川幅が 800 間（約 1456m）で，両側の金谷と島田の宿には川会所があり，川越人足，雑役夫あわせて 800 人ほどいた」と書かれている。明治 3 年 5 月，突然，静岡藩に，「歩いての川越中止，船か橋の便利な方法を確立せよ」と通達があった。明治 4 年に，渡し船が登場する。川越人夫，雑役夫 800 人は失業した。川止めでもうけていた旅籠，料理屋，商人なども大打撃をうけた。この 800 人がその後お茶つくりに転業する。また，大政奉還した徳川慶喜は，静岡へ移った。このとき，失業した武士たちが慶喜について静岡に行き，お茶つくりにとりくんだ。これが，静岡茶の基礎をつくったのである。

授業の流れ

❶ 静岡県が日本一の農産物はなんでしょう。……… 発問

大井川に橋がなかったことを確かめた後，「今，静岡県には日本一の農産物がいくつかあります。なかでも有名なのはなんでしょう」と問う。

「みかん，お茶，米，メロン……」などが出てくる。このなかで，みかんとお茶が有名。

今回とりあげるのは「お茶」であることを告げる。

❷ 静岡県が，お茶の日本一の産地になったのは，大井川に橋がなかったからです。……… ゆさぶり

子どもたちは，「わけがわからん」と言う。当然である。

静岡茶の基礎を時系列でわかりやすく説明する。

そして，江戸から明治へと時代が変わったことによる大きな変化であることをつかませる。

❸ 失業した人や，大打撃をうけた人びとは，どうしたでしょう。

………… 発問

> ・他の職業につくしかないな。
> ・そうか，失業した人たちが，お茶をつくりは
> じめたの？

ここで次の話をする。

情報　茶づくり事始

　　金谷町の仲田源蔵は，田畑を売って100両の金をもって上京。駅逓司に
行って人足たちの職業をかえるための開墾地を要求した。強引にたのんでよ
うやく許可された。それが現在の金谷町の南にある広大な原茶園である。こ
んな人がいて，茶つくりがはじめられた。
　　また，徳川慶喜が静岡に移ったとき，失業した武士たちがいっしょに静岡
にきて，これまたお茶つくりにとりくんだのだ。

　何かがさかんになるときは，必ず何らかの原因がある。

　静岡のお茶は上のような地域を思う人がいて，今の日本一の茶どころの
基礎をつくった。

　渥美半島は豊川用水が引かれて，農作物が一変し，ハウス栽培がさかん
な地域のひとつになった。

　地域の見方を変えるネタになる。

36 三井高利は番傘で大もうけしたって本当?

> **要点**　三井高利というのは，越後屋，つまり，今の三越デパートのもとをつくった人である。三重県の伊勢・松坂から江戸に出てきて，新しい商法，今までにないアイディア商法で，あっという間に江戸一といわれる呉服屋になった。現代へと通じる商売のアイディアについて考えをめぐらせるきっかけとなるネタである。

授業の流れ

❶ 越後屋の三井高利はどんなアイディアで大もうけしたのでしょう。……… 発問

「三越デパートを知っていますか。三越デパートは，前は「越後屋」といっていました。これをつくった人は三井高利で，三重県から江戸へ出てきて大もうけしました。どんなアイディアで大もうけしたでしょう」と，問題をなげかける。

- ・大安売りをした。
- ・配達をした。
- ・福引をつけた。
- ・たくさん買った人を温泉に招待した。
- ・おまけをたくさんつけた。

などと，今と同じような商法を挙げる。だから，ひっくり返しがいがある。

❷ 「傘」で大もうけしたのです。……… 提示・確認

本物の「番傘」（ないときはミニ番傘でもよい）を提示しながら，「実は，これで大もうけしたのです！」と言うと，子どもたちは，「ええ？呉服屋が傘でもうけたの？」と驚きを表す。

❸ 傘で，どのようにして，もうけたのでしょう。……… 発問

子どもたちの考えは，「売ってもうけた」というものであった。

- ・全国のめずらしい傘をあつめて売った。
- ・傘の大安売りをしてもうけた──まだ，傘がめずらしく，あまりない時期だったのではないか。
- ・はじめて傘を商品として売ってもうけたのではないか。

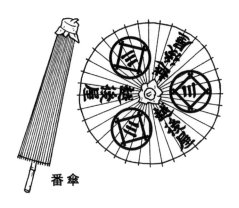

番傘

❹ 売ってもうけたのではなく，ただで貸してもうけたのです！

……… 確認

「ただで貸して，どうしてもうけになるのか」と，子どもたちは考える。

　そこで，「番傘の絵」（上）を提示する。すると，「コマーシャルでもうけたのだ」「宣伝をしたのだ！」と言う。ようやく，「傘で宣伝して，売上げをのばした」ことがわかる。

　「番傘の由来」の話をする。

情報　番傘の由来

　越後屋が，江戸市民に知られるようになった理由のひとつに「番傘貸し」というものがある。

　商売している最中に，にわか雨が降りだすと，土間に傘をつみあげて，店に買い物にきている客はもちろん，店の前を通る通行人にもただで貸したのである。この頃は，傘は高価であったのに，名前もきかずに無料で貸したのである。

　ただ，その傘を開くと，「越後屋」と「番号」がかいてある。だから，にわか雨が降ると，町は「越後屋の番号傘」でいっぱいになった。このことから「番傘」という名がおこった。

　とにかく，ひと雨降るごとに，町中が越後屋になるのだから，たいへんな宣伝になった。

---

37 ペリーはどうして遠回りしてきたか?

要点 ペリーが乗ってきた船は蒸気船で，石炭が必要である。軍艦だから大砲などを積んでいるので重い。それで，石炭を少ししか積めない。石炭や食料，水などを途中で補給しなければならない。だから，陸の近くを通ったのだ。ペリーは，シーボルトの収集した日本の地図を2万ドルという高額で買ったり，日本に関する本をたくさん買って，勉強しながら日本に来たのだ。ゆっくりの方が勉強ができる。ヨーロッパでは，日本関係の本が値上がりしたという。日本を開国することは，それだけむずかしいことだとペリーは考えていたのである。

授業の流れ

❶ ペリーが来た道順をたどりなさい。……… 提示・確認

ペリーが来た地図をプリントして配布し，「ペリーがきた道順を，赤えんぴつでていねいにたどりなさい」と言って確認作業をさせる。

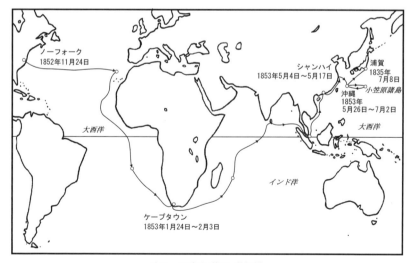

ペリーの来た道順（航路）

❷ アメリカの西海岸からくれば近いのに，どうしてこんなに遠回りしてきたのでしょう。……… 発問

　　　　・1年近くかかっている。何か理由があるだろう。
　　　　・太平洋を通るルートは開かれなかったのでは？
　　　　・陸地そいにこないとあぶないから。

❸ ペリーが乗ってきた軍艦は，蒸気で動く船ですよね。……… 確認

　　　　・そうだ！　石炭が必要なのだ！
　　　　・太平洋をまっすぐ日本にきたら，石炭を手に入れられない。

❹ 必要なのは，石炭だけですか。……… 発問

　　　　・食料もいる。
　　　　・水もいる。
　　　　・これらを手に入れながら日本へ来たのだ！
　　　　・遠回りしなくては，ならなかったのだ。

　　ペリーが乗ってきたのは軍艦でしょ。大砲や爆弾を積んでいるから重いよね。

　　　　・それで，石炭などを沢山つめなかったのだ。
　　　　・食料や水も，少ししかつめなかったのだ。

❺ ペリーが遠回りして，時間をかけてきたわけは他にもありました。……… ゆさぶり

　　　　・何だろう？
　　　　・観光しながらきた？
　　　　・まさか，それはないよ。

　★これはむずかしくてわからないよね。

情報　ペリーの勉強時間？

　　ペリーはシーボルトのあつめた日本地図を2万ドルという高い値段で買ったり，日本に関する本をヨーロッパで買いあさって，ヨーロッパでは日本関係の資料が値上がりしたらしい。
　　つまり，日本を開国させることはそれだけむずかしいと考え，しっかり勉強し，対策をたててきたのだ。勉強するため遠回りしたのだ。

❻ どうしてペリーは浦賀へ来たのでしょう。……… 発問

「ペリーは長崎ではなく，浦賀に来て開国をせまりました。他の国は長崎に来たのに，どうしてでしょう」と尋ねる。

・勉強して，長崎では他の国が失敗したので，浦賀の方が江戸に近いからきたのではないか。
・日本はおどしに弱いから大砲を陸地に向けて「うつぞ！」とおどかしながら交渉したのでは？

❼ 浦賀の人々は黒船を見てどうしたでしょう。……… 発問

・大さわぎをした。
・先を争って逃げ出した人もいた。

❽ 幕府は，ペリーが来ることを知らなかったのでしょうか？
……… 発問

実は1年も前にオランダから知らされて知っていた。それでも，大あわてであった。

❾ 幕府は「しばらく考えさせて」と言いました。……… ゆさぶり

ペリーの圧力に負けて，手紙（国書）を受けとり，「しばらく考えさせてほしい」と言いました。

・ペリーは，よく納得したね。
・あまりむりしない方がいいと考えたのでは？
・「来年，またきます」と言って帰った。

❿ ペリーの再来に，幕府はどうしたでしょう。……… 発問

1854年1月16日，ペリーは7せきの軍艦をひきいて再びやってきました。今度は江戸湾の奥にある小柴沖までやってきました。幕府はどうしたでしょう。

・圧力に負けて2つの港を開港した。
・下田と函館だ！
・漂流民はていねいにあつかうことを約束した。
・貿易は認めなかった。

　鎖国というのは，おぼれかけている外国人を助けてもいけない，外国へ行くこともいけない，外国へいってた人が帰ることもできない，外国人に食料や水を与えてもいけない，といったむちゃな内容だった。アメリカのペリーは，「まともな人間のすることではない」と言ったそうだ。

⓫ 日本を開国させたペリーは，その後どうしたでしょう。……… 発問

　完全な開港はできなかったけど，港を2つ開かせ，漂流している人を助けることなどで一応成功をおさめました。その後，ペリーはどうしたでしょう。

・満足して帰った。
・階級が上がった。

情報　その後のペリー

　実は，日本との交渉に全力をつくしたのか，心身の疲れを感じ，指揮権を部下にゆずり，イギリスの郵便船で1855年1月ニューヨークに帰っている。2年2か月ぶりのことだ。軍人をやめたのだ。

・ペリーも必死だったのだ。
・外交というのはたいへんだ。
・小野妹子を思い出したよ。
・たいへんだったろう。
・今でも，外交はたいへんだよ。

38 県名と県庁所在地名がちがうところがあるのはなぜか?

要点 47都道府県のなかには,県名と県庁所在地名が同一のものと,ちがうものとがある。このことを不思議だと思う人は少ない。これにははっきりした理由がある。明治政府に対して,忠勤藩と朝敵藩がはっきりわかるようにしたものである。忠勤藩は「同一県名」(例外が4県—福島,山形,福井,和歌山),朝敵藩は「異なる県名」として,ひと目で区別できるようにしたのである。こんな見方を指導すると,いっぺんで県名と県庁所在地名を覚える。

授業の流れ

❶ 地図帳で調べて,日本地図に,県名と県庁所在地名を書き込みなさい。……… 提示・指示

はじめに,作業をさせる(このときの白地図は,なるべくB4くらいの大きい方が作業しやすい)。

❷ 県名と,県庁所在地名がちがう県に「緑色」を塗りなさい。……… 指示

この作業によって県名と県庁所在地名の異なる県をクローズアップする。

❸ 自分の書いた地図を見て,おもしろいなあと思うことはありませんか。……… 発問

・九州は,色を塗ってない。つまり,県名と県庁所在地名は一致している。
・ちがう県が,17県ある。
・県名と県庁所在地名の同じ県の方が多い。

❹ 明治維新で,政府に反対した藩がはっきりわかるようにしたのです。……… 説明

「緑色を塗った県は 17 あ
りました。この中から，北海
道と沖縄を除いた 15 県は，
明治維新のとき，明治政府に
反対した藩です。明治政府に
反対した藩は，廃藩置県のと
き，はっきりわかるように，
県名と県庁所在地名を同じに
させなかったのです」と，説
明する。

「そんなことしたら，いつ
までも反対するじゃないか」
という声もあったが，そうか
もしれない。

とにかく，「忠勤藩」と
「朝敵藩」をひと目でわかる
ようにし，いじわるしたので
ある。

※埼玉県の県庁所在地は
浦和市だったが，平成に
なって合併し，「さいた
ま市」となった。

県名と県庁所在地名がちがう県

❺ **次の，4 つの県に，赤で「？」をかきなさい。**……… 指示

山形県，福島県，福井県，和歌山県と県名を挙げ，「？」を記入させる。

┌─ 情報 県庁所在地の一致する 4 県 ─────────────────

　朝敵福島県は当時の城下町会津若松に，山形県は米沢に県庁を置かせず，
当時田舎であった福島と山形に置かせた。そのかわり県名と県庁所在地の名
を一致させた。
　福井県は明治 14 年に設置されたので，明治 4 年には，まだない。
　和歌山は，御三家でありながら，早くから新政府に「反意なきこと」を伝
えていたから，忠勤藩に入れられたのだ。

└──────────────────────────────────────

39 「名字」をつけた本当のねらいは 何か?

要点 江戸時代に，自分の「名字」をもっている人は，武士と豪商・豪農といわれる大金持ちだけだった。庶民は「大工の太助」「目黒の六兵衛」というように，職業や住んでいる地名を，名前の上につけて，名字がわりにしていた。これで困ることはなかった。明治になって，郵便制度ができ，「所番地だけでは手紙の配達ができない」という理由で，明治8年に，「国民はすべて名字をつけること」という法律ができた。ところが，これは表向きの理由で，本当の目的は徴兵のためだった。このへんのことを見破らせるネタである。

授業の流れ

❶ 江戸時代，姓がなくて困ることはなかったでしょうか。……… 発問

「テレビなどでもわかるように，江戸時代は，「熊吉」とか，「太助」とか名だけで呼んでいました。つまり，姓がなかったのです。これで困ることはなかったでしょうか」と尋ねてみる。

「困ることがあればつけるはずだから，困ることはなかったのだろう」と子どもたちは考える。

手紙はないし，よその村へも自由に行き来できなかった時代だから，名だけで十分に用がたせた。「大工の太助」「左官の兵太」と，職業を上につけたり，「目黒の六兵衛」のように地名を上につけて呼べばよかったのだ。

❷ 明治8年に，国民全員に「名字をつけなさい」という法律ができたのはどうしてでしょう。……… 発問

名字がないと，どんなことが困るか──と子どもたちは考える。

明治4年に郵便制度ができたことを，年表で見つける。

・「兵助」だけでは何人もいるので，どこの兵助かわからない。
・同じ所番地に，同じ名前があったら困る。

216

・出す方も，「目黒の六兵衛」では，どの六兵衛かわからない。

　などの理由で，郵便制度を進める必要性から，「名字をつけなさい」と決めたのだろうと考える。

❸ 国民の方は，「名字」が必要になったでしょうか。 ……… 発問

・国民の方は，必要ではない。
・よその村と行き来できなかったらから，親類がいるわけでもないし，手紙を出す必要もない。用事があれば歩いて行けばよい。
・必要がないから，国民は名字をつけないままでいいと思った。

　「それで，政府は，どうしたでしょう？」と続けて尋ねるがわからない。そこで，「明治政府は，名字をつけることを義務づけたのです」と教える。

❹ 名字を義務づけた本当の理由は何だったのでしょう。 ……… 発問

　「手紙を出す必要もない一般の国民に，むりやり「名字」をつけさせたのはどうしてでしょう。つまり，本当の目的はなんだったのでしょう」と問う。
　子どもたちは，「表向きの目的」と「本当の目的」があったときいて驚く。これは，なかなかわからない。そこで，教師が話す。

情報　名字と徴兵制

　名字を義務づけた本当の目的は，徴兵のためだった。国民みんなを兵隊にするには，「目黒の六兵衛」では困る。名字をつけることに，いちばん熱心だったのは，「陸軍省」だった。
　明治6年に徴兵令を出しても，「目黒の六兵衛」では戸籍の整理が不十分で，兵隊をあつめることがうまくできなかった。それで平民にもつけさせたのだ。

40 明治時代「兵役の義務」を のがれる方法があったのか?

要点 明治政府は，外国に対抗できる強力な軍隊をつくるため，これまでの武士による軍隊を廃止した。そして，「国民皆兵」の名のもとに，満20歳以上の男子は，すべて兵役につくことを命じる「徴兵制度」を定めた。このため，平民（江戸時代の農工商にあたる人民）も，兵隊となる義務をおわされることとなった。政府は，士農工商の身分差別をなくし，大名を華族，武士を士族とした。また，農工商を平民とし，名字を名のり，職業や住所を自由に選ぶことができるようにした。この「四民平等」が徴兵制の思想的基盤であった。しかし，おもしろいことに，兵役の義務をのがれる方法は，いくつもあったのである。ここをついていくと，わかりにくい明治政府の本質がはっきりとみえてくるところがおもしろい。

授業の流れ

❶「徴兵制度」とはどんなものか調べなさい。……… 指示

明治政府の多くの政策の中でも，中心になる「徴兵制度」をとりあげる。

「明治政府は，強い軍隊をつくるため，「徴兵制度」というものをつくりました。これはどんなものですか。教科書や資料集で調べなさい」と指示する。

子どもたちは，教科書に「新しい軍隊をつくるため，これまでの武士の軍隊を廃止して，20歳以上の男子は，すべて兵役につく義務をおわせる徴兵制度をつくりました」という記述を見つける。

「20歳以上の男子は，すべて兵隊にならなければならないこと」が「兵役の義務」であり，「徴兵制度」だとわかる。

いくら兵隊が嫌いでも，義務だから，ならざるをえない。このことをしっかりおさえておく。

❷ 兵役をのがれる方法があったのです。……… ゆさぶり

　国民皆兵による兵役の義務なのに，これをのがれる方法が，いくつもあったのです。どんな方法があったでしょう？」と言うと，「ええ？　義務なのにのがれられるの？」と不思議そうにする。

　「逃げるのではなく，正々堂々とのがれる方法があったのです」と言うと「よーし」とはりきって調べる。つまり，法律の盲点をつくというわけで，子どもが喜ぶのである。

┌─────────────────────────────────────┐
│ **情報** 兵隊になるのを免除される人 │
│   │
│ ・戸主・嗣子（長男）・養子などの家督相続者 │
│ ・官吏（役人）・上級学校進学者・海外留学者・270円以上の納税者 │
└─────────────────────────────────────┘

　上の資料を出して，これをもとにのがれる方法を考えさせる。

　まず「長男」であれば，兵隊にならなくてよいことがわかる。子どもは，とくに次男，三男の子が「不公平だ！」と叫ぶ。そこで，次男，三男の場合で考えることにする。どうすればよいか。

のがれる方法

①一生懸命勉強して，国立大学へ進学する。そして，役人になるか，外国へ留学すればなおよい。

②お金があれば270円以上の税金を納める。または，一生懸命働いて大もうけして，270円以上納める（270円は今の1200万円くらい）。

③「金と能力はダメ」という人は，「養子」のクチをさがして，あととり（戸主）になる。

　兵役の義務をのがれられない人びとは，明治政府にとって，死んでもたいして影響のない人だということになる。これだと，反対がおこらない方がおかしい，と子どもたちは言う。事実，反対運動が各地におこった。

41 官営工場1号が富岡につくられたわけは?

要点 どの教科書，資料集にも必ず出ている工場である。1872（明治5）年群馬県のどちらかというと交通の不便な富岡に官営工場1号をつくった。フランス人の技師ブリューナにたのみ，フランス式の最新の工場をつくった。そして国内の産業を盛んにして，西洋の国々と対等につきあえるようになることをめざした。蒸気の力を使って，最新式の機械を動かして，製糸工場のモデルとした。世界でも最大規模の工場であった。働く女工は全国から集められ，ここで技術を身につけた人々が各地に技術を広めた。

授業の流れ

❶ 教科書・資料集を開いて，富岡製糸工場を探しなさい。……… 指示

❷ 富岡製糸工場は官営工場1号です。富岡は何県のどのあたりにありますか。……… 発問

・群馬県です。
・高崎の南西です。
・地図帳に「富岡製糸場」と青い字で書いてある。

❸ 交通の便はよさそうですか。……… 発問

・上信電鉄というのがあるが，ちょっと不便な所のようです。
・山のはしっこみたいな所です。

❹ 富岡に製糸工場ができたのはいつですか。……… 発問

・1872（明治5）年
・明治の初めだ。

※ 1893（明治26）年に三井家に払い下げられた。

❺ 日本最初のモデルになる官営工場を，どうして富岡につくったのでしょう。 ……… 発問

「時期はよかったでしょうか」。

・何かよいことがあったから。
・何だろう？
・製糸工場だから「まゆ」が沢山とれたとか。

❻ なかなか鋭い考えがでましたね。 ……… 確認

①富岡は，江戸時代の中頃より養蚕と製糸の中心地であったこと。

「これが，最も大きな理由です。あと，どんなことが考えられますか」と尋ねる。

・交通が不便でも原料があったから。
・原料立地じゃないかな。

②交通未発達→原料立地が原則

・これは機械で製糸をつくるのでしょ。
・機械を動かす燃料は何かな。

③製糸に必要な「大量の水」「燃料の石炭」が近くて確保できたこと。

❼ 工場をつくるとき，他に最も大事な条件は何でしょう。 ……… 発問

・工場をつくるとき反対する人がいるから。
・賛成したのかな。
・404人しか女工は集まらなかった。
（長野の人が多かった）

④地元住民の同意がえられたこと。
⑤れんがをつくる技術があったこと。

情報　　**背景**

　養蚕のさかんなフランス，イタリアなどで蚕の微粒子病が広がって，「まゆ」の生産がものすごく減った。このため，世界的に生糸が不足してきた。
　この時，値段が安く，品質のよい日本の生糸に注目が集まった。
　さらに，大輸出国だった中国が，アヘン戦争（1840年），太平天国の乱（1850年）などで，混乱状態だった。このため，日本に更に注目が集まった。
　日本政府は，生糸の輸出量がふえると，よくない製品をつくる人が出てきて，信用を失う。そこで，「上質の生糸を大量に作るには」機械生産しかないということで官営工場をつくったのだ。
　フランス人ポール・ブリューナを雇い，洋式の機械を購入して，日本の女性の身長に合わせた機械を注文した。フランス人の女性指導者を招いた。

42 ノルマントン号事件とは どんなことか?

 明治の中ごろに起きたノルマントン号事件をご存知だろうか。問題は,どうしてこのようなことが起こったかである。その原因は先に結んだ「不平等条約」にある。外国人を日本の法律で裁くことができない条約だったのである。では,どうしてこんな不平等な条約を結んだのか。それこそ,外国の武力におどされて,不平等条約を結ばざるを得なかった──。というところまで,おさえることができるネタである。これから条約改正運動が始まるのである。

情報 ノルマントン号事件

　明治19（1885）年10月24日,和歌山県大島沖で,イギリスの貨物船（1533トン。イギリス居留地七番館ユーンス商会の扱う貨物船）ノルマントン号が沈没した。この船は,船底に旅客を便乗させ,横浜─神戸間を航行していた。

　10月24日の午後8時すぎ,船は突然,暗礁に乗りあげた。いったん船体を引き離したが,船底に大穴があき,海水が入りこんだ。

　甲板にいた船員は手早くバッテーラをおろしてのり移った。ドレーク船長ものった。その瞬間,船は沈んだ。

　日本人乗客25人（男20人,女5人）とその賄方（まかない）として乗り組んでいた中村房吉ら水夫12人も,ともに死亡,イギリス人船員26人だけがボートで逃れて助かった。これが有名な「ノルマントン号事件」である。

　11月1日,神戸のイギリス領事館で裁判が行われた。その結果「船長に責任なし」とし,無罪とした。

　日本の世論は憤激したため,横浜のイギリス領事館で裁判をやり直し,ドレーク船長に「禁固3か月の有罪判決」を下した。　　　（『神戸史話』より）

授業の流れ

❶ この絵を見て,気づいたことを書きなさい。……… 提示・指示

絵（右）を提示して、「この絵を見て、気づいたことをノートにかきなさい」と指示して、できるだけたくさん見つけさせる。

沈むノルマントン号（このころ描かれた漫画）

❷ **ノートしたことをもとに、気づいたことを発表しなさい。**……… 指示

沈みかけている人と、ボートにのっている外人らしい人物との関係に意見が集中する。話し合いをしているうちに、資料集などで、「イギリス船ノルマントン号が、横浜港から神戸港に向かう途中、紀伊半島沖で沈没した。このとき、船長以下イギリス人船員26人はボートで脱出して助かり、日本人乗客25人は全員死亡した」という記述を見つける。

❸ **船長は裁判にかけられましたが、結果「無罪」でした。**……… 説明

「船長は、裁判にかけられました。有罪になったでしょうか。結果は『無罪』でした」と言うと、「そんなばかなことがあるものか」と、子どもたちは怒る。

❹ **乗客25人も見殺しにしておいて、どうして無罪になったのでしょう。**……… ゆさぶり

追いうちをかけるように尋ねる。

子どもたちは、「あっ、そうだ！」と言いながら資料をめくる。そして、

・不平等条約のせいだ。
・日本には裁判をする権利がなかったのだ。

などを見つけ出す。

❺ **では、どうしてこんな不平等条約を結んだのだろう。**……… 発問

と問いかけて、条約を結んだいきさつ、内容を調べさせる。

223

43 条約改正はノルマントン号事件から始まった？

要点 1886（明治19）年10月21日に紀州沖で起きたイギリス船ノルマントン号の沈没事故で，船長以下イギリス船員は全員助かったのに，日本人乗客23人は全員水死した。そして，イギリス領事館は船長を無罪にした。日本国民はおこって告訴した。再審の結果，禁固3か月の有罪となったが，日本人乗客に対する賠償金は0円であった。この原因は，1858年に結んだ通商条約が不平等だったためであることがわかり，1887年井上馨外務大臣から，大隈重信（1889年），1891年青木周蔵，1894年陸奥宗光，1911年小村寿太郎の5名の外務大臣の交渉で，約半世紀かかって改正ができたのだった。

授業の流れ

❶「条約改正が必要だ！」と日本人が感じたのは，どんな事件からですか。……… 発問

・ノルマントン号事件でしょ。
・日本人が全員死に，イギリス人がみんな助かった事件。
・船長は無罪になったので，日本人がおこって，軽い刑がついた。

❷1858年に結んだ日米修好通商条約は，2つの問題がありましたね。……… 確認

・治外法権—罪を犯した外人を裁くことができない。
・関税自主権のないこと—外国製品に関税をかけられない。

❸日本人による本格的な条約改正交渉が始まりました。……… 確認

おこった日本人が，本格的に改正交渉に取り組んだ最初の外務大臣は井上馨で，「鹿鳴館外交」と呼ばれた。「成功したのかな？」と尋ねる。

・世論の反発をうけた。
・お金ばかりつかった。

井上外務大臣は辞任しました。次は大隈重信です。成功しましたか？

｜・秘密主義を批判された。

　大隈は「失脚」し，次は1891年青木周蔵大臣です。イギリスを相手に，「治外法権」に限定して交渉しました。

｜・イギリスは改正に同意しました。
｜・調印しようとしていた時，事件がおこった。

★ロシア皇太子をおそう事件ですね。

これで青木大臣は責任をとってやめました。「挫折(ざせつ)」ですね。

❹ **1894年陸奥宗光大臣は，イギリスと治外法権の回復交渉をしました。……** 確認

｜・成功でしょ。たしか。
｜・日清戦争が始まった年だ。

★日英通商航海条約を結び，治外法権を廃止しました。

まだ半分ですね。

❺ **1911年小村寿太郎外相は，アメリカを相手に交渉しました。関税自主権をとりもどしました。……** 確認

　1904年〜5年には日露戦争もあって，1911年に日本は権利を完全に回復しました。

　日米修好通商条約を1858年に結んでから，何と53年ぶりに不平等がなくなりました。これは，日本の国力の回復もあります。整理してみましょう。

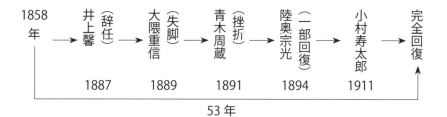

1858年	井上馨 (辞任)	大隈重信 (失脚)	青木周蔵 (挫折)	陸奥宗光 (一部回復)	小村寿太郎	完全回復
	1887	1889	1891	1894	1911	

53年

44 「第二戦国時代」って，いつのこと？

要点 　明治時代以降は，教えることが多くなっている。そこで，何にしぼりをきかせるか。わたしは，「戦争 100 年史」にしぼったら——と思っている。つまり，武力で強迫されて「開国」させられたことから，明治の方針は「富国強兵」に決まり，これが以後 100 年間，日本の政治の方針となった。この具体例が，「戦争 100 年史」であり，「第二戦国時代」である。明治以後，どうして戦争ばかりしてきたかを追究させて，「戦争の悲惨さやむなしさ」といったものを，どうしてもつかませたいと考えた。このため「第二戦国時代」という角度から明治以後を追究させてみようと計画したのである。なお，「第二戦国時代」を学習させる準備として，夏休みの宿題に「戦争体験記」を書いてくるようにした。おじいさん，おばあさんなどの戦争体験や，東京大空襲の体験，疎開したときのさびしさ，戦後の食料難時代の生きることのたいへんさなどを，できるだけ詳しくきいて，それを「戦争体験記」として，まとめてくるようにしたのである。こういう学習をやれる時間は刻々となくなっていく。

授業の流れ

❶ 明治になってたびたびおこったことはなんでしょう。……… 提示・発問

　教室に掲示している年表や子どもたちがもっている年表を開かせて，「江戸時代までなくて，明治時代になってたびたびおこっていることはありませんか？」と問いかける。

・戦争とか，事件などがある。
・事変なんていうのもあるよ。
・戦争に関係したことが多い。

❷ どんな戦争があったか，全部書き出しなさい。……… 指示

　ノートに書かせる。

　征韓論に始まり，日清戦争，日露戦争，第一次世界大戦，満州事変，日華事変，第二次世界大戦……と，次々に戦争をしていることが明らかになる。これに年を入れていく。

・この100年くらいの間，戦争にあけくれている。
・これは戦国時代だ，まったく。
・「第二戦国時代」といってもいいのじゃない？　期間も100年で同じくらいだし……。

❸ どうしてこんなに戦争したのでしょう。……… 発問

・原因は，2つある。一つは，武力で開国させられたことに対する仕返し。もう一つは，日清戦争。
・日清戦争に勝って，「戦争ほどいい商売はない」と，政治家が思ったために，次々と戦争して，もうけようとした。

などと言う。これで，がぜんおもしろくなる。

こういう子どもがいないときは，教師の方から資料を出して，論争をしかける。

「戦争ほどいい商売はない」ということは，どんなことか問題になる。

「損害や戦死した人の方はどうなるか」という意見も出てくる。しかし，「いい商売だと思うから戦争したのだ」と考える。そして，この考えが誤りであることがわかるのは，原子爆弾がおとされてからだ，ということになる。

❹ 日本が戦争をしなくなったのは，いつごろからでしょう。……… 発問

それは，どうしてかと尋ねる。

・1945年8月15日　敗戦。
・戦争に懲りた。
・日本国憲法で戦争を放棄した。
・平和主義の国になった。

45 太平洋戦争と天気予報の関係は？ ─空白の天気図─

要点 このネタの開発者は，千葉経済短期大学の佐久間勝彦氏である。実践記録をいただき，本を集めて読んでみた。実に面白い。授業でやってみようとすぐにやってみた。やりながら内容を練っていった。戦争と天気予報は実に深い関係がある。『特攻の記録』（光人社NF文庫）などを読んでも，特攻隊も天気を気にしながら作戦を練っている。敵がそこにいることがわかりながら，レーダーのない時代，雲がじゃまして攻撃をしかけられないでいる。太平洋戦争中，天気予報は新聞・ラジオから消えたのである。こんなことまで戦争に関係しているのである。

授業の流れ

❶ 質問しますよ，いいですか。おもしろい質問です。「1941年12月8日」は何の日でしょう。……… 発問

> ・太平洋戦争が始まった日です。
> ・真珠湾を攻撃した日です。

★なかなか見事ですね。

でも，次はむずかしいですよ。

❷ この1941.12.8の天気は，晴れか，くもりか，雨か。……… 発問

> ・写真を見ると「晴れ」のようです。
> ・雨でないことは確かです。
> ・くもりかもしれない。写真が少し暗いから。
> ・もし，くもりであるとすれば，攻撃しにくいでしょう。
> ・日を選んで戦争をはじめたのだから，晴れでしょう。間違いなく。

★よく考えますね。写真をよく見ています。

❸ 天気予報が始まったのは，いつでしょうか。新聞に載り始めたのはいつでしょう。……… 発問

> ・東京天文台，いや東京気象台ができたのは1875年と年表に出ています。これが天気予報の始まりでしょう。
> ・新聞にのり始めたのは，1888.4.1です。
> ・この年は「君が代」が国家に制定されています。

えらいこと知ってるね。いい年表を持っているね。わかってしまうなあ。今度は少しむずかしいぞ！

❹ 1941年の太平洋戦争開戦から，1945年の終戦の1週間後まで，天気予報が新聞から消えました。これはどうしてか。……… 発問

> ・戦争に天気のことがわかるとまずいから。
> ・敵に天気のことがわからないようにー。
> ・日本のスパイが，アメリカに知らせるかもしれない。
> ・スパイでなくても，ハワイの親しい人に電話で知らせたら，アメリカ軍にばれる。
> ・戦争中，紙もあまり使えなくなり，戦争のことをたくさん書くには，天気予報のような戦争に関係ないものは消したのではないか。
> ・天気予報は，戦争に関係があるから消されたのだよ。

　よく考えましたね。天気予報が新聞に発表されなく，軍隊が一人占めしていたのです。この間を「空白の天気図」と言い，こういう題の本が出ています。先生も読みました。

　戦争はこわい。天気予報まで消してしまうのです。

> ・先生，この勉強，面白かったです。
> ・よく考え，よく調べました。

　調べる力，考える力，判断する力，表現する力がとてもついてきました。先生も楽しかったです。拍手。

46 駅弁包装紙とは何か？

要点 『週刊朝日百科日本の歴史』111巻に，駅弁包装紙が何枚も出ていた。もちろんカラーである。これは面白いネタになるとにらみ，6年担任になったらやろうとしまっておいた。山口県防府市に行ったとき安村竹史氏が3枚を運び出して授業していた。すごいと思った。早速資料をいただきしまっておいた。6年の「戦争の授業」の導入につかうと，必ず子どもはのってくるとにらんだ。やや抵抗があるところがいい。

授業の流れ

❶ これは何でしょうか？。……… 提示・発問

駅弁包装紙を3枚印刷して配布する。

資料は（A）（B）（C）バラバラにして提示する。

6年生の子どもには，簡単にはわからない。大学生でも，なかなかわからないのだから。

しかし，面白い。

何だろうと考えながら，相談しながら見ている。

> ・「御辨当」というのは，何とよむのですか。
> ・「五目飯」は「ごもくめし」でしょ。

これがわかれば，あと2枚もわかるのでは―。

> ・食べ物らしいことはわかりました。

「御辨当は「御弁当」と今では書きます」と言うと，「あっ，そうか」という声が出る。

> ・3枚とも御弁当だ。
> ・弁当の包み紙でしょう。
> ・「金三十銭」というのは，今ではいくらくらいですか。

そうだね。いいところに目をつけたね。

だいたい1000円くらいでしょうね。

❷ （C）がわかりやすいのでは？　読んでごらん。……… 提示

(A)

(B)

(C)

・「敵は我が本土を狙っている　備えはよい
　か！」
・敵というのは，どこかな？
・太平洋戦争の終わりころだ。敵が本土を狙っ
　ているのだから。
・トンボのようなのは，B29 だろう。

★**戦争の終わりころの何だろう。**

｜・御弁当—中味は「五目飯」！

❸ わかるところから読んでいきましょう。……… 指示

｜・(A) の卍はドイツ
　　　　　＋はイタリア
　　　　　〇は日本

　すごい，よく読めました。鳩が口にくわえているのは，そう，オリーブ。
これを記念して出された，御弁当だね。何の弁当か，もうわかったでし
ょう。
　　　　　　　　　　　　　　　｜・駅弁でしょ。

　「国民精神総動員」というのは，何でしょう。

｜・1938 年　国家総動員法ができた。
｜・そのことを表わしている。

　「戦争の調子はいいのか，悪いのか？」

｜・悪いでしょう。国民に元気出せと言ってるわ
　けでしょ。

231

❹（B）は，何を表わしているでしょう。………　発問

ギザギザは何でしょう。

・わかった，万里の長城だ。
・そうか。北の方から中国へ攻めようとしているのかもしれない。
・日中戦争になる前だろう。
・日中戦争は1937年だよ。
・先生「神尾」というのは何ですか？

「よくわからないんだけど，弁当の会社名じゃないかと思うんだけど」。
調べたが，はっきりしない。

❺（A）（B）（C）の駅弁包装紙は，時代順に並べるとどうなりますか。………　発問

・（B）が1937年でしょ。
・（A）が1940年です。
・（C）は空襲があってるから1945年ごろ。

★見事に並びました。

❻ 駅弁包装紙に戦争のことが出ているということは，日本の戦争の調子はどうでしょう。………　発問

・駅弁まで広告を出して，国民によびかけているくらいだから，もう終わりごろだ。
・調子がよくないから宣伝しているのだ。

　駅弁から戦争のこともわかりますね。包装紙に気をつけていると，どこの弁当かわかりますよ。この包装紙を集めてみると面白いです。先生は，かなり持っていますよ（発展するように話す）。

------〈この授業を参観したK氏の一口感想〉------
　ただただ圧巻。「お弁当」から時代が見えてくることが十分理解できた。3部6年の子どもたちは，まぎれもなく日本一です。
　みごとに子どもたちの意表をついた。
　まさしく，お弁当に食いついたのである。そのため，発言内容もどんどん深まっていっている。
　紙の大きさのちがいに気づいたり，国家総動員法が出てきたり―。
　とにかく，子どもたちの着眼点はみごとであるし，これをネタにした識見，脱帽。

一月三〇日　駅弁──N子のノートから

　今日，社会の時間に駅弁の包装紙3枚のプリントをもらいました。今日は，そのことについて書こうと思います。

　まず，だれでも一目みてわかるのは，3枚とも戦争に関することだということです。

　そして，真ん中の絵からは万里の長城つまり満州事変があったころ1931年ごろだということがわかります。1931年にあった，満州事変というのは，日本側が奉天付近の南満州鉄道をわざと爆破し，中国軍のしわざであると口実をつくって出兵し満州を占領したのです。このような，悪どい手をつかってまでも中国が必要だったのでしょうか？

　つぎに，左の絵ははじに国民精神総動員と書いてあるが，これは1937〜1940年にあったものであります。

　この事から，だいたい一番左の絵は，1937年ぐらいだということがわかります。

　次に最後の一番右の「五目飯」と書いてある絵は「敵は我が本土を狙ってゐる，備へはよいか！」と書いてあるが，これはそろそろ日本が負ける最後のクライマックスの時と考えられます。

　終戦したのは，1945年8月15日なので，1944〜1945年あたりのころだと考えられます。古い順にみると，真ん中，左，右となってきます。

　最後に「右の絵と，真ん中，左の絵とでは，右の倍の大きさになっているけれど，どうしてか？」という問題がでました。

　これは，終戦まじかに配給制度を政府がとったが，これにより少なくなったと思います。

　しかし，これだけなのでしょうか？

　私は，配給制度もあると思いますが，もう一つはもうすぐ戦争に負けるというお弁当を日本と考えて，だんだん小さくなるという意味もあるのだと思います。

　日本は，もう二度と戦争なんか起こすべきではないですネ。

47 日本が 75 年間戦争しなかった わけは?

要点 このネタは，千葉経済短期大学の佐久間勝彦氏が開発したものである。これをもとにして調べなおし，授業をなんども行い，誰でもできるように簡略化したものである。日本は，戦後 75 年間，一度も戦争していない。だから「戦後 75 年」である。しかし，今も戦争をし，「戦後」のない国もある。第二次世界大戦では，60 か国が戦争に参加し，中立国はわずか 5 か国であった。だからこそ「世界大戦」というのである。この大戦にこりたはずなのに，現在までに「300 回以上」もの戦争や内乱が起こっている。そして，この 300 回以上の戦争や内乱に参加していない国，つまり，戦争を 75 年間一度もしていない国は，独立国家 196 か国中，わずか 6 か国しかないのである。この 6 か国の中に，日本が入っている。これは日本国憲法の力によるものだと思われる。平和のたいせつさ，憲法を守ることのたいせつさを認識させるのに，よいネタである。6 年生最後の授業として行いたいものである。

授業の流れ

❶「戦後 75 年」とは，どういうことでしょうか。……… 発問

黒板に，大きく「戦後 75 年」と書く。そして，「『戦後 75 年』とはどういうことですか」と問いかける。

- ・第二次世界大戦後ということ。
- ・第二次世界大戦が終わってから 75 年たったということ。
- ・第二次世界大戦後，75 年間戦争していないことだと思う。

このあたりは，割に正確につかんでいる。

❷ 第二次世界大戦に参加した国，つまり，戦争した国は，何か国くらいあったでしょう。……… 発問

子どもたちは，まったく見当がつかないと頭をふっている。

このことを見こして，資料①（第二次大戦のときの中立国——スウェー

デン，アイルランド，スイス，スペイン，ポルトガルの5か国に着色した世界地図，237ページ資料①）を提示する。

❸ **これは，第二次世界大戦に，参加しなかった国（中立国）です。**………確認

と言って，5か国をよみとらせ，ノートさせる。

中立国は5か国であったのに対して，参戦国は「60か国」であったことを知らせる。

❹ **第二次世界大戦後，どんな戦争や内乱が起ったか調べて，ノートに書きなさい。**………指示

資料集などに，地図入りで，いろんな戦争が書かれている。これを使ったり，年表で拾いあげていく。

年表から拾いあげている子どもは，「こりゃ，たいへんだ！」と言う。そのくらい多い。

この作業は，いかに戦争や内乱が多かったかに気づかせることにある。

ベトナム戦争，イラン・イラク戦争，アフガニスタン内戦，インドシナ戦争，中東戦争，朝鮮戦争，フォークランド戦争等々，書ききれないほどあることがしだいにわかってくる。

「この75年間に，何回くらい戦争や内乱があったと思いますか」。

> ・大体30回くらいと思う。
> ・少なくとも100回はあると思う。
> ・150回はないと思います。
> ・80回くらいと思います。

30〜100回くらいの間に落ち着く。

ここで，「300回以上あった」と告げると，驚きの声があがる。

「そんなにあったの？」「正確には，わからないの？」

いくら調べても，細かいところがわからず，「300回以上」とする。

300というのはわかるのだが，これから上がよくわからない。

❺ この 300 回以上の戦争や内乱に，一度も参加していない国は，どのくらいあるでしょう？──今，独立国は 197 か国あります。………発問

と問いかける（この授業の中核になる発問である）。

> ・ほんのわずかだと思います。
> ・3〜5 か国くらいだと思います。
> ・スイスと日本はやってないから，2 か国はたしかだけど──。やはり 5 か国がいいところだと思います。

資料①が生きている。

子どもの予想が出そろったところで，資料②（第二次世界大戦後一度も戦争をしていな国──フィンランド，スウェーデン，スイス，アイスランド，ブータン，日本の 6 か国に着色した世界地図）を提示する。
子どもたちは，まず，国の数をかぞえる。次に，国名を調べる。
そこをねらって，提示する。

❻ 一度も参加していない国を調べて，ノートに国名を書きなさい。………提示

子どもたちは，中立国が，やはり少ないことに驚く。
そして，「どうして戦争をするのだろうか」とつぶやく。

❼ 日本以外の 5 つの国が，75 年間戦争をしなかった理由がわかる人はいませんか。………発問

> ・スイスは，ずっと前から中立国できたので，戦争しないのだと思う。
> ・スイスは，よその国から攻められないかぎり戦争しないということだから。
> ・スウェーデンも，たしか中立国になるといってると思う。
> ・ブータンは山の中で，戦争する必要がないのでは？

※デンマークとノルウェーは，1991 年 1 月 17 日に起った湾岸戦争に参加し，戦後は 46 年で終わった。

❽ 日本は，第二次世界大戦までは，さかんに戦争しました。ところが，第二次世界大戦後は 75 年間も戦争していないのはなぜですか。……… 発問

・日本国憲法で，戦争をしないと決めてあるから。
・原爆で，戦争はとてもこわいと思ったからだと思う。
・第二次大戦までやりすぎて，もうこりごりしたから。

　とにかく，「日本国憲法」があるために戦争をしないのだと考える。平和をこれからも願うとすれば，「日本国憲法」を守らなければならない。子どもたちがおとなになっても，憲法を守るならば平和が続く。そのためにも，憲法を守る義務がある。

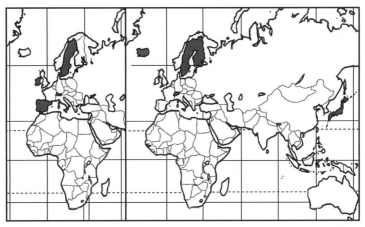

資料①　第二次世界大戦の　　　資料②　第二次世界大戦後一度も戦争を
　　　　ときの中立国　　　　　　　　　していない国

48 日本の大使館ってどのくらいあるの？

要点 大使（特命大使，全権大使）は，国を代表して外国に派遣される外交官の一番上の位の人をいう。この大使が，派遣された国で仕事をするところを大使館という。大使は「大切な使い」という意味で，公使も大使と同じ仕事をしている。大使の派遣されていない国に行っている。自分の国の国民が旅行，留学などをするときの世話もする。現在日本が大使館を開いている国は 152 か国で，近くの国にいる外交官が仕事をしている国が 43 ある。

授業の流れ

❶ 大使や公使，領事などは，どんな仕事をする人たちでしょうか。……… 発問

・小野妹子が日本最初の大使だ。
・昔からいたのだ。
・辞典には「大切な使い」と書いている。
・国の使いだ。

❷ 大使・公使は，どの役所に属していますか。……… 発問

・外務省でしょう。
・内閣じゃないよね。

❸ 「外交官」とは，どういう人を言いますか。……… 発問

・大使や公使が外交官でしょ。
・国を代表して外国へいって仕事をしている人。

❹ **相手国に住むようになったのは，どうしてでしょうか。**……… 発問

「昔は相手国に住んでいないで，特別な用件があるときだけ行って，帰っていました。小野妹子が最初の全権大使です。では，いつごろから，どうして相手国に住みつくようになったのでしょう」と問う。

> ・相手国のことをさぐるため。
> ・スパイのような仕事をした。

「よく考えましたね。近い考えですよ。約 400 年前のヨーロッパで始まりました」。

❺ **日本は外国にどのくらいの大使館を開いているでしょう。**……… 発問

> ・独立国全部
> ・日本と交流している国

「よく知ってますね。すごいですよ。資料を見てみましょう（240-241 ページ）」。

★**全部で 152 か国ある。（　）内は大使館の庁舎は置かれていないが，日本の職員がその国の事務を行っているもの。**

❻ **1963 年の大使館・公使館の数と比べてみましょう。**……… 提示・発問

> ・2 倍以上になっている
> ・独立国が増えたから

世界の国と仲よくするには大使館も必要だということを感じさせる。

日本の大使館が置かれている国　　2020（令和2）年1月現在　152(43)か国

国名	国名	国名
アジア地域　20（1）	グアテマラ	トンガ
インド	（グレナダ）	（ナウル）
インドネシア	コスタリカ	（ニウエ）
カンボジア	コロンビア	ニュージーランド
シンガポール	ジャマイカ	バヌアツ
スリランカ	（スリナム）	パプアニューギニア
タイ	（セントクリストファー・ネーヴィス）	パラオ
大韓民国	（セントビンセント）	フィジー
中華人民共和国	（セントルシア）	マーシャル
ネパール	チリ	ミクロネシア
パキスタン	（ドミニカ）	欧州地域　47（7）
バングラデシュ	ドミニカ共和国	アイスランド
東ティモール	トリニダード・トバゴ	アイルランド
フィリピン	ニカラグア	アゼルバイジャン
（ブータン）	ハイチ	アルバニア
ブルネイ	パナマ	アルメニア
ベトナム	（バハマ）	（アンドラ）
マレーシア	パラグアイ	イタリア
ミャンマー	（バルバドス）	ウクライナ
モルディブ	ブラジル	ウズベキスタン
モンゴル	ベネズエラ	英国
ラオス	（ベリーズ）	エストニア
北米地域　2	ペルー	オーストリア
アメリカ合衆国	ボリビア	オランダ
カナダ	ホンジュラス	カザフスタン
中南米地域　22（11）	メキシコ	キプロス
アルゼンチン	大洋州地域　11（5）	ギリシャ
（アンティグア・バーブーダ）	オーストラリア	キルギス
ウルグアイ	（キリバス）	クロアチア
エクアドル	（クック）	（コソボ）
エルサルバドル	サモア	（サンマリノ）
（ガイアナ）	ソロモン	ジョージア
キューバ	（ツバル）	スイス

国名	国名	(サントメ・プリンシペ)
スウェーデン	アラブ首長国連邦	ザンビア
スペイン	イエメン	(シエラレオネ)
スロバキア	イスラエル	ジブチ
スロベニア	イラク	ジンバブエ
セルビア	イラン	スーダン
タジキスタン	オマーン	(セーシェル)
チェコ	カタール	(赤道ギニア)
デンマーク	クウェート	セネガル
ドイツ	サウジアラビア	(ソマリア)
トルクメニスタン	シリア	タンザニア
ノルウェー	トルコ	(チャド)
バチカン	バーレーン	(中央アフリカ)
ハンガリー	ヨルダン	チュニジア
フィンランド	レバノン	(トーゴ)
フランス	アフリカ地域　35（19）	ナイジェリア
ブルガリア	アルジェリア	ナミビア
ベラルーシ	アンゴラ	(ニジェール)
ベルギー	ウガンダ	ブルキナファソ
ポーランド	エジプト	(ブルンジ)
ボスニア・ヘルツェゴビナ	(エスワティニ)	ベナン
ポルトガル	エチオピア	ボツワナ
マケドニア旧ユーゴスラビア	(エリトリア)	マダガスカル
(マルタ)	ガーナ	マラウイ
(モナコ)	(カーボベルデ)	マリ
モルドバ	ガボン	南アフリカ共和国
(モンテネグロ)	カメルーン	南スーダン
ラトビア	(ガンビア)	モーリシャス
リトアニア	ギニア	モーリタニア
(リヒテンシュタイン)	(ギニアビサウ)	モザンビーク
ルーマニア	ケニア	モロッコ
ルクセンブルク	コートジボワール	リビア
ロシア	(コモロ)	(リベリア)
中東地域　15	(コンゴ共和国)	ルワンダ
アフガニスタン	コンゴ民主共和国	(レソト)

1963（昭和38）年5月，日本の大使館・公使館が置かれていた国

国名	大・公使館所在地	国名
アジア・オセアニア		㉕エクアドル
①中華民国	タイペイ	㉖ペルー
②フィリピン	マニラ	㉗ブラジル
③ラオス	ビエンチャン	㉘ボリビア
④カンボジア	プノンペン	㉙パラグアイ
⑤ベトナム	サイゴン	㉚ウルグアイ
⑥タイ	バンコク	㉛アルゼンチン
⑦マラヤ連ぽう	クアラルンプール	㉜チリ
⑧ビルマ	ラングーン	ヨーロッパ
⑨インド	ニューデリー	㉝ソ連
⑩セイロン	コロンボ	㉞フィンランド
⑪パキスタン	カラチ	㉟スウェーデン
⑫アフガニスタン	カブール	㊱ノルウェー
⑬オーストラリア	キャンベラ	㊲デンマーク
⑭インドネシア	ジャカルタ	㊳ポーランド
⑮ニュージーランド	ウエリントン	㊴ハンガリー
南北アメリカ		㊵チェコスロバキア
⑯カナダ	オタワ	㊶オーストリア
⑰アメリカ	ワシントン	㊷ユーゴスラビア
⑱メキシコ	メキシコシチー	㊸イタリア
⑲キューバ	ハバナ	㊹バチカン
⑳ドミニカ	サントドミンゴ	㊺ギリシア
㉑エル・サルバドル	サンサルバドル	㊻ドイツ
㉒パナマ	パナマ	㊼スイス
㉓ベネズエラ	カラカス	㊽オランダ
㉔コロンビア	ボゴタ	㊾ベルギー

大・公使館所在地	国名	大・公使館所在地
キトー	50 イギリス	ロンドン
リマ	51 フランス	パリ
リオデジャネイロ	52 スペイン	マドリード
ラパス	53 ポルトガル	リスボン
アスンシオン	西南アジア・アフリカ	
モンテビデオ	54 イラン	テヘラン
ブエノスアイレス	55 イラク	バグダード
サンチアゴ	56 トルコ	アンカラ
	57 レバノン	ベイルート
モスクワ	58 イスラエル	テルアビブ
ヘルシンキ	59 クウェート	クウェート
ストックホルム	60 サウジアラビア	ジェソダ
オスロ	61 アラブ連合	カイロ
コペンハーゲン	62 シリア・アラブ	ダマスカス
ワルシャワ	63 エチオピア	アジスアベバ
（公）ブダペスト	64 スーダン	ハルツーム
プラハ	65 コンゴ	レオポルドビル
ウィーン	66 ナイジェリア	ラゴス
ベオグラード	67 セネガル	ダカール
ローマ	68 モロッコ	ラバト
ローマ	69 ガーナ	アクラ
アテネ	代表部	
ボン	70 国際機関日本政府代表部	ジュネーブ
ベルン	71 国際連合日本政府代表部	ニューヨーク
ハーグ		
ブリュッセル		

※ 1963 年当時は，大使・公使館は 69 か国，代表部は 2 か
　国でした。

◎引用・参考文献・情報

掲載の「授業のネタ」と単元構成は，『小学校　学習指導要領』（平成 29 年 3 月）に基づいています。

【5年】

1.　「理科年表」2009「日本国勢図会」2010/11
　　　『朝日　ジュニア百科年鑑』2008
2.　72 の富士山は，全日空の機内誌「翼の王国」より。
3.　現地取材して，教材化したもの。
4.　菊池房一・山崎猛『流氷の世界』（岩波書店）が参考になる。たのしい写真が沢山出ているので楽しめる。網走市で授業を行い，面白いネタであることを再発見した。
5.6.　現地へ取材に行き，驚いて教材化したもの。
7.8.　現地へ取材に行って，驚いたことから教材化したもの。沖縄県ホームページ参照。
9.10.　現地へ取材に行って発見し，教材化したもの。だいたい 5 年かかった。
11.　現地に取材に行って発見したネタ。資料は，沖縄総合事務所宮古農業水利事務所。
12.　『朝日　ジュニア百科年鑑』2008
　　　『少年朝日年鑑　基礎学習編　昭和 57 年版』朝日新聞社
13.　市川健男『雪国のくらし』NHK ブックス
14.　現地へ行ってみて，雪の重みに驚き，教材化したもの。雪おろしのたいへんさも経験した。
15.　現地で取材してわかったこと。やはり「電気」であった。
16.　社会科事典類で調べた。
17.　筑波大学附属小学校（当時）国学院栃木短期大学教授，田中力氏が開発した教材である。氏の授業を参観してその面白さに驚き，無理をいって資料をいただいたもの。
18.　拙著『5 年生の育てたい学習技能』明治図書
19.　拙著『学校の門を開いて』国土社　東京都庁で新しい数字を取材し直した。
20.　農業技術に関する本なら，どれにも書いてある。子ども用の参考書にも理由を書いている。
21.　現地調査するのがいちばんよい。できないときは，教科書，指導書にも出ている。嬬恋役場に資料がある。
22.23.　現地に取材に行き，わかったこと，つかんだ内容を教材化したもの。
24.　詳しく書いている本はない。わたしは何度も現地へ行き情報を入手した。拙著『地

理が 10 倍おもしろくなる』旺文社　に，やや詳しく書いている。

25.　静岡市のタクシーの運転手から偶然聞き，静岡の先生に連絡して資料をいただき，久能山のいちご園に取材に行き，教材化したもの。大学生も見学に連れて行った。

26.　『教科別学習大事典　8　日本の地理』旺文社
　　　『朝日ジュニア百科年鑑』2008

27.　『日本国勢図会』2010/11　『朝日　ジュニア百科年鑑』2008
　　　拙著『学習意欲の高め方』明治図書

28.　これについては，いろいろな本に出ている。南国市農協でも詳しくわかる。海岸沿いのビニルハウス地域を歩くことをおすすめしたい。

29.　高知県庁で取材してわかり，農家できいて納得し，教材化したもの。

30.　現地取材をして教材化したもの。データは別海町役場農林課よりいただく。一部データはホームページより更新。

31.　平沢豊『日本の漁業─その歴史と可能性』NHK ブックス
　　　藤岡信勝『連載　社会科教材づくりの視点と方法7　教育内容構成の論理（上）/「釧路の漁業」の教材づくりを例にして』（社科教育　1981 年 10 月号　明治図書）を参考にして，工夫した。

32.　現地調査に行き，ノリ網をいただき，教材化したもの。

33.　『里海探偵団が行く』農文協　沖縄県庁水産課とうるま市勝連漁協に取材して教材化した。

34.35.　社会科教科書，社会科資料集　現地取材をして教材化した。

36.　2 度にわたり現地取材して，教材化した。

37.　新聞・テレビ，教科書，社会科資料集　NHK で取材して教材化した。

38.　教科書　社会科資料集が参考になる。NHK で取材。
　　　「各地の環境問題」は『朝日　ジュニア年鑑』2008　が参考になる。以前に書いた指導案をもとに書きかえたもの。

【6年】

1.　落合重信・有井基『神戸史話─近代化のうら話』（創元社）

2.　授業をしているとき，子どもがいい出したことをもとに教材化した。

3.5.　有田和正『日本の歴史が 10 倍おもしろくなる・古代』（旺文社）

4.　121 ページの絵は，日本標準『6 年社会科資料集』62 年版の絵を見て模写したもの。

6.7.　佐倉市の歴史民俗博物館で調べた。

8.　2 つの模型を手に入れて，調べ比べて教材化した。

9.　新聞で見て，調べて教材化したもの。

10.　森浩一・穂積和史『巨大古墳─前方後円墳の謎を解く』（草思社）

11. 「小野妹子の子孫である木津屋治郎兵衛」の編集による「小野妹子．org」『歴史人物事典』ぎょうせい

12.13.14. 樋口清之『はだかの日本史』（主婦の友社）

13. 『教科別大事典　9　日本の歴史』（旺文社）

14. 岡並木「ベルサイユ宮殿にトイレはあった」という記事が「朝日新聞」1982年8月27日付（夕刊）に出た。

15. 『日本サラリーマン事情』（PHP）　よい本なので入手して読んでほしい。

16. 149頁の絵は，日本標準『6年社会科資料集』59年版の絵を模写したもの

17. 旗田巍『元寇』（中公新書）　とてもよい本なので読んでほしい。

18.19.20.23. 有田和正『日本の歴史が10倍おもしろくなる・鎌倉〜安土桃山時代』（旺文社）

22. 佐伯誠一『とっておきの日本史』（日本文芸社）

24. 長年考えて教材化したもの。特に中心になる文献はない。

25. 検地のようすと税を考えて調べ，教材化したもの。

26. 山本博文『参勤交代』（講談社現代新書）

27.28.30.31.32.33.34.35.36.37. 今野信男『江戸の旅』（岩波新書），『参勤交代』（講談社現代新書），『大江戸ものしり読本』（三笠書房）などをもとにして教材化したもの。

29. 以前に何かの本で読んだことをもとにして教材化したもの。

38. 有田和正『日本の歴史が10倍おもしろくなる・江戸時代』（旺文社）

39. 『教科別大事典　9　日本の歴史』（旺文社）

40. 小松左京監修『雑学おもしろ百科・第9巻』（角川文庫），田中彰『日本の歴史24・明治維新』（小学館）

41.42. 和歌森太郎『よくわかる日本史』（旺文社）

43. 『教科別大事典　9　日本の歴史』（旺文社），『トランヴェール』（JR東日本）2009年

44. 河合敦『早わかり日本史』（日本実業出版社）

45. 千葉経済短期大学の佐久間勝彦氏から実践記録をいただき，追試してみたもの。

46. 『週刊朝日百科日本の歴史111巻』（朝日新聞社）

47. 佐久間勝彦氏が開発したもの。佐久間勝彦『社会科の授業をつくる―社会に目を開く教材の発掘』（明治図書）。

48. 外務省より最新の資料をいただいて教材化したもの。

これら，もとにした本をぜひ読んでいただきたい。

●著者

有田和正 <small>(ありたかずまさ)</small>

1935 年福岡県生まれ。玉川大学文学部教育学科卒業。
福岡県の公立校、福岡教育大学附属小倉小学校、筑波大学附属小
学校を経て、愛知教育大学教授。1999 年の愛知教育大学退官後
も日本の教育に携わり、教材・授業開発研究所代表、東北福祉大
学子ども科学部特任教授。1976 年より社会科・生活科教科書（教
育出版）の著者も務めた。2014 年没。
著書は 185 冊を超え、主著に『歴史を楽しむ年表』『授業づくり
の教科書　社会科授業の教科書』『学級づくりの教科書』（さくら
社）、『教え上手』(サンマーク出版)、『社会の仕組みがわかる "追
究型社会科発問 "ワーク』『有田式歴史教科書』(明治図書) など
がある。

●改訂版監修者

佐藤正寿 <small>(さとうまさとし)</small>

1962 年秋田県生まれ。秋田大学教育学部卒業。明星大学通信制
大学院修了。岩手県公立小学校教員を経て、2018 年より東北学
院大学文学部教授。
小学校教員 3 年目に参観した有田学級に衝撃を受け、社会科実践
を深めることを決意。担任時代は、「地域と日本のよさを伝える
授業」をテーマに教材開発や授業づくりに取り組んだ。現職では,
社会科教育学をフィールドとして研究活動を行っている。
主な著書に『教師の力はトータルバランスで考える』（さくら社）
『スペシャリスト直伝！社会科授業成功の極意』（明治図書）など
がある。

授業づくりの教科書

社会科授業の教科書〈5・6年〉改訂版

2012 年 4 月 20 日　初版発行
2020 年 6 月 11 日　改訂版発行

著　者　　有田和正
監修者　　佐藤正寿
発行者　　横山験也
発行所　　株式会社さくら社
　　　　　〒 101-0051　東京都千代田区神田神保町 2-20 ワカヤギビル 507 号
　　　　　TEL：03-6272-6715 ／ FAX：03-6272-6716
　　　　　https://www.sakura-sha.jp　郵便振替 00170-2-361913

ブックデザイン　佐藤　博　　装画　坂木浩子
印刷・製本　シナノ書籍印刷株式会社